LIDERANÇA PARA A INOVAÇÃO

Maria Augusta Orofino
Pesquisadora, palestrante e professora da ESPM e HSM

LIDERANÇA PARA A INOVAÇÃO

Como **aprender**, **adaptar** e **conduzir** a transformação cultural nas organizações

ALTA BOOKS
EDITORA
Rio de Janeiro, 2021

Liderança para Inovação

Copyright © 2021 da Starlin Alta Editora e Consultoria Eireli.
ISBN: 978-65-5520-555-8

Todos os direitos estão reservados e protegidos por Lei. Nenhuma parte deste livro, sem autorização prévia por escrito da editora, poderá ser reproduzida ou transmitida. A violação dos Direitos Autorais é crime estabelecido na Lei nº 9.610/98 e com punição de acordo com o artigo 184 do Código Penal.

A editora não se responsabiliza pelo conteúdo da obra, formulada exclusivamente pelo(s) autor(es).

Marcas Registradas: Todos os termos mencionados e reconhecidos como Marca Registrada e/ou Comercial são de responsabilidade de seus proprietários. A editora informa não estar associada a nenhum produto e/ou fornecedor apresentado no livro.

Impresso no Brasil — 1a Edição, 2021 — Edição revisada conforme o Acordo Ortográfico da Língua Portuguesa de 2009.

Erratas e arquivos de apoio: No site da editora relatamos, com a devida correção, qualquer erro encontrado em nossos livros, bem como disponibilizamos arquivos de apoio se aplicáveis à obra em questão.

Acesse o site www.altabooks.com.br e procure pelo título do livro desejado para ter acesso às erratas, aos arquivos de apoio e/ou a outros conteúdos aplicáveis à obra.

Suporte Técnico: A obra é comercializada na forma em que está, sem direito a suporte técnico ou orientação pessoal/exclusiva ao leitor.

A editora não se responsabiliza pela manutenção, atualização e idioma dos sites referidos pelos autores nesta obra.

Produção Editorial
Editora Alta Books

Gerência Comercial
Daniele Fonseca

Editor de Aquisição
José Rugeri
acquisition@altabooks.com.br

Produtores Editoriais
Ian Verçosa
Illysabelle Trajano
Larissa Lima
Maria de Lourdes Borges
Paulo Gomes
Thié Alves
Thales Silva

Equipe Ass. Editorial
Brenda Rodrigues
Caroline David
Luana Goulart
Marcelli Ferreira
Mariana Portugal
Raquel Porto

Diretor Editorial
Anderson Vieira

Coordenação Financeira
Solange Souza

Equipe Comercial
Adriana Baricelli
Daiana Costa
Kaique Luiz
Tairone Oliveira
Victor Hugo Morais

Marketing Editorial
Livia Carvalho
Gabriela Carvalho
Thiago Brito
marketing@altabooks.com.br

Atuaram na edição desta obra:

Revisão Gramatical
Kamila Wozniak

Diagramação
Lucia Quaresma

Capa
Rita Motta

Ouvidoria: ouvidoria@altabooks.com.br

Editora afiliada à:

Dados Internacionais de Catalogação na Publicação (CIP) de acordo com ISBD

O74l   Orofino, Maria Augusta
          Liderança para inovação: como aprender, adaptar e conduzir a transformação cultural nas organizações / Maria Augusta Orofino. - Rio de Janeiro : Alta Books, 2021.
          320 p. : il. ; 17cm x 24cm.

          Inclui índice e bibliografia.
          ISBN: 978-65-5520-555-8

          1. Administração. 2. Liderança. 3. Inovação. I. Título.

                                              CDD 658.4092
2021-2264   CDU 65.012.41

Elaborado por Odílio Hilario Moreira Junior - CRB-8/9949

ALTA BOOKS
EDITORA

Rua Viúva Cláudio, 291 — Bairro Industrial do Jacaré
CEP: 20.970-031 — Rio de Janeiro (RJ)
Tels.: (21) 3278-8069 / 3278-8419
www.altabooks.com.br — altabooks@altabooks.com.br

Há duas graças no respirar:

inspirar o ar e dele se livrar.

Inspirar constrange,

expirar liberta.

Tão linda a vida é feita de uma mescla.

Agradece a Deus quando ele te aperta.

E agradece de novo

quando ele te liberta.

Goethe

APRESENTAÇÃO

POR QUE UM LIVRO SOBRE LIDERANÇA PARA A INOVAÇÃO?

Estava quase desistindo do meu mestrado quando me deparei com o tema sobre modelos de negócios. Isso me deu um grande impulso e fiz a dissertação sobre "Técnicas de criação do conhecimento no desenvolvimento de modelo de negócio." A defesa ocorreu em 2011, uma época de muitas mudanças não somente em minha vida, mas também no mercado.

Um ano antes, visando criar um blog, procurei o jornalista Rodrigo Lóssio — profissional destacado no ecossistema de inovação e tecnologia de Santa Catarina —, o qual eu havia conhecido em um evento em que ele apresentou a palestra sobre Marketing de Conteúdo. O Wordpress ainda era pouco conhecido e foi Lóssio quem estruturou meu blog, que passou a receber os primeiros artigos relacionados à minha atuação profissional na época.

Mas os temas foram evoluindo à medida que eu avançava nos estudos sobre Design Thinking, Empreendedorismo, Modelos de Negócio e Inovação, decorrentes do mestrado em curso na Universidade Federal de Santa Catarina (UFSC). Duas pessoas foram bem importantes para que eu pudesse consolidar esses assuntos: Maurício Manhães e Renato Nobre. Trocamos muitas ideias naquela época, quando blogs ainda eram muito incipientes e pouco conhecidos. O primeiro post dessa nova versão foi em 2012, com o tema "Prototipagem, interações e inovação!". Os caracteres eram tão poucos que devem ter demorado bastante a indexar no Google. E o que me inspira ao retomar essa história é que uma das primeiras palavras indexadas no meu blog foi "Carro Azul", devido ao artigo que escrevi sobre a disrupção digital, o exemplo da Kodak e sobre como a inovação costuma acontecer nas empresas.

Desde então ocorreram muitas mudanças. São quase duzentos artigos publicados e que acompanham os interesses dos leitores do meu blog e das redes sociais. E isso tem sido um verdadeiro aprendizado. Sim, aprendizado, porque muitas vezes estou pesquisando sobre determinados assuntos e quero falar ao mundo sobre eles, mas, se não houvesse leitores interessados, nada adiantaria. É preciso estar onde o público está, por mais clichê que isso possa parecer.

Nem sempre as mudanças foram fáceis. Afinal, ao preparar aulas, palestras e workshops é natural querer o que surge no dia a dia, mas a tecnologia evolui, os interesses também e as ferramentas estão disponíveis para que possamos identificar o que nosso público deseja.

Em todos esses anos, o público do meu blog mudou bastante. Iniciei os artigos abordando Design Thinking e Modelos de Negócios. No entanto, nos últimos anos, percebi que os visitantes do site também estavam interessados em temas como Liderança, Inovação e Cultura Organizacional. E eles passaram a compor a programação de conteúdo.

O desejo de escrever um livro sempre existiu. Muitos amigos me incentivaram a escrever o que eu comentava nas aulas e palestras. Um dia, percebi a quantidade de material que havia no site e resolvi compilar tudo o que havia sido publicado nesse período, visando mapear a transformação cultural nas empresas desde habilidades e processos que precisam ser aprendidos para promover essa mudança, passando por modelos de negócios conhecidos e como as organizações estão se adaptando ao novo contexto ou novo normal. Além, também, de refletir sobre as habilidades necessárias para promover uma liderança e uma cultura organizacional focadas no crescimento sustentável e que, de fato, pudessem contribuir para ambientes de trabalho ambidestros, ou seja, focados na eficiência operacional, mas sem perder de vista o humano, seja dos clientes ou da equipe, afinal, em se tratando de inovação, é tudo sobre pessoas.

Portanto, o livro *Liderança para a inovação: como aprender, adaptar e conduzir a transformação cultural nas organizações* é uma compilação dos artigos que tiveram melhor desempenho dentro do Google e que foram pensados a partir da necessidade ou de problemas do público que acompanha a minha trajetória profissional.

Há anos ouvimos a máxima de que a transformação digital deixou de ser roteiro de filme de ficção científica e se tornou realidade. Nesse cenário, conhecemos cases de sucesso de organizações que conseguiram obter bons resultados, mas também acompanhamos vários nomes que já estiveram na lista da Fortune 500 serem vencidos pela disrupção digital.

Esse caminho é de intenso aprendizado para quem está dentro da organização e para os especialistas em modelos de negócio e inovação. Aprendemos, por exemplo, que inovar ou promover a transformação digital não se trata apenas sobre investir em tecnologia, mas também criar ambientes de trabalho criativos, colaborativos e flexíveis nos quais os colaboradores tenham autonomia para sugerir ideias e melhorias no processo.

Liderança para a inovação: como aprender, adaptar e conduzir a transformação cultural nas organizações, portanto, visa mapear essa jornada. Como ir, de ponta a ponta, do aprendizado à execução, experimentando, analisando, replicando e otimizando cada vez mais o porquê de tanto trabalho: as pessoas e a resolução de suas necessidades.

Este livro é sobre o trabalho de mais de uma década no meu blog, que contou com assessorias de excelentes profissionais — do começo até agora —, com destaque para duas, em especial: Rosangela Menezes e Loraine Derewlany. Também é sobre a transformação do meu lado profissional: meus cursos, blog posts, palestras, workshops, conversas com muitos amigos, participação em grupos de profissionais do setor, interações em redes sociais e demais pontos de contato, as quais sempre tenho prazer em responder. Acrescentei, ao texto, glossário para palavras e expressões que passaram a fazer parte do vocabulário de quem atua nas áreas abordadas neste livro, e links para ainda mais conteúdo, tanto de outros artigos publicados no meu blog quanto para sites, revistas eletrônicas e portais.

Espero que esse projeto consiga contribuir para o seu sucesso e para o sucesso da sua empresa. Afinal, meu propósito é ampliar a capacidade de agir de pessoas e organizações por meio do compartilhamento do conhecimento e da cocriação de soluções que impactem positivamente os resultados, gerando economia de recursos e promovendo a inovação de maneira sustentável.

Além de mudar o modelo de negócio quantas vezes forem necessárias, precisamos manter o foco no fato de que uma organização é feita por pessoas. São esses talentos que, quando treinados, desenvolvidos e engajados, tornam-se promotores internos do negócio, criando ambientes de trabalho mais felizes, produtivos e criativos.

Minha gratidão a você que me lê agora e que, de alguma maneira, esteve comigo nessa trajetória.

Maria Augusta Orofino

APRENDER 1

Teimosia, persistência ou perseverança. Valorize suas falhas — 3

Experimentação: tente, erre e acerte usando a lógica do design — 8

Design Thinking, uma abordagem para colocar a inovação em prática — 11

Design Thinking não é restrito a empresas inovadoras — 15

Design de negócios: três requisitos para o sucesso das empresas — 18

A holocracia como forma de ajudar o seu negócio — 23

Felicidade no trabalho: a satisfação dos colaboradores é estratégica para a sua empresa — 28

Índice de felicidade no trabalho e possíveis formas de medição — 32

Depressão no trabalho é, sim, problema da empresa — 37

A Síndrome de *Burnout* nas organizações atuais — 42

Como adotar hábitos saudáveis para evitar *Burnout* no home office — 46

Accountability: o que é e como colocá-la em prática na sua empresa — 52

Business Model You — um método para reinventar a carreira e a si mesmo — 57

Mudar de profissão: é preciso se reinventar depois dos 40 anos — 63

EMPREENDER — 69

Procura-se designer de negócios (e experimentos)!	71
Estratégia Empresarial: de Peter Drucker à escola empreendedora, o que mudou?	75
O carro azul, a Kodak e modelos de negócios	80
Novos modelos de negócio: cinco modelos para quem quer tirar aquela ideia do papel	84
Grandes empresas versus startups: o que essa comparação ensina ao mercado	89
Empresas Exponenciais: como trazer o pensamento startup para dentro das organizações	94
Crescimento exponencial não acontece por acaso: quatro dicas para acelerá-lo	99
Plataformas de negócios: o que são e como impactam o mercado	104
Plataformas digitais e o futuro dos negócios: como não ficar para trás?	108
Plataforma de negócios digitais, transformação digital e Empresas Exponenciais: o que essas organizações têm em comum?	111
Plataforma de negócios online: como uma empresa do tipo plataforma gera lucro?	115
Foco no cliente: do planejamento ao feedback, por onde começar?	119
Como se preparar para as novas formas de trabalhar em meio a incertezas?	125

LIDERAR 131

Liderança inovadora e as habilidades necessárias	133
Líder do futuro e as características que geram resultados	141
Cultura organizacional, liderança e o papel do líder na cultura da empresa	145
Tipos de liderança que promovem a transformação cultural nas empresas	150
A ambidestria organizacional e a sua aplicação nas empresas	154
Ambidestria e inovação: como os dois conceitos contribuem para o futuro do mercado	159
Ambidestria organizacional e os caminhos para a excelência operacional	164
O relacionamento de lideranças ambidestras com os seus colaboradores na busca pela inovação	168
Lideranças inovadoras e equipes ambidestras focadas em crescimento	172
Mindset digital e as características da liderança inovadora	177
Liderança ágil e sua atuação muito além da tecnologia	181
Cultura organizacional inovadora e flexível	186
Liderança e inovação: como sobreviver (e se adaptar) às mudanças exponenciais?	191
Liderança de resultados: aprender, adaptar e ensinar para crescer	196

INOVAR 201

A importância da mudança de mindset para a transformação cultural dos negócios	203
Inovação organizacional e a cultura como o centro da estratégia	208
Cultura de inovação: você está preparado para isso?	212
Inovação e criatividade em ambientes favoráveis para crescer	215
Inovação nas empresas e os segredos de quem já conseguiu isso	219
Cultura de inovação: crie processos para acelerar as ideias	222
Três características de grandes empresas que dificultam a inovação em processos	227
Negócios disruptivos: modelos eficazes "antienvelhecimento"	231
Empresas disruptivas e os modelos de negócio inovadores	234
Organizações exponenciais são sinônimo de empresas inovadoras	237
Negócios colaborativos e as comunidades das organizações exponenciais	241
Processos inovadores e as razões para fazer isso	244
Cultura da inovação e o preparo para a disrupção digital	248
Desafios da transformação digital e a adoção da estratégia correta	252
Transformação digital em projetos e a experiência do cliente no centro da estratégia	256
Transformação digital: potencialize o poder da sua rede de clientes	260
Organizações exponenciais e o DNA da inovação constante, inclusive no RH	264
Liderança para a inovação e a transformação do ambiente de trabalho para o futuro	271
Alquimia do crescimento: como empresas podem crescer de forma perene	275
Tipos de inovação: entenda as diferenças e dê o primeiro passo!	280
A inovação aberta e o papel dos ecossistemas de inovação	285

APRENDER 1

"É preciso sair da ilha
para ver a ilha.
Não nos vemos se
não saímos de nós."

José Saramago

APPENDIX 1

TEIMOSIA, PERSISTÊNCIA OU PERSEVERANÇA. VALORIZE SUAS FALHAS

"Errei mais de 9 mil cestas e perdi quase 300 jogos. Em 26 diferentes finais de partidas fui encarregado de jogar a bola que venceria o jogo... e falhei. Eu tenho uma história repleta de falhas e fracassos em minha vida. E é exatamente por isso que sou um sucesso."

Com exceção da última frase, o texto acima poderia ser percebido como uma observação feita por um jogador de basquete insatisfeito com os insucessos de sua carreira. Entretanto, o pensamento é atribuído a Michael Jordan, considerado um dos maiores jogadores da história do basquete mundial. Quanto ao pensamento de Jordan, não se trata de cultuar o fracasso, mas de valorizar o aprendizado adquirido com as falhas.

O próprio Jordan não conseguia ingressar no time de basquete do colegial porque era baixo. Jordan treinou intensamente e, depois de algum tempo, não apenas ingressou na equipe como se tornou um dos melhores jogadores colegiais dos Estados Unidos. Era apenas o início de uma carreira vitoriosa.

Albert Einstein teve sua admissão recusada na Escola Politécnica de Zurique. Steven Spielberg, igualmente, teve seu ingresso recusado na Universidade do Sul da Califórnia. Graham Bell, detentor da patente do telefone, ofereceu os direitos de produção do aparelho à Western Union, mas ouviu que sua invenção era um brinquedo elétrico. São apenas alguns casos entre tantos sucessos que ultrapassaram os fracassos.

A linha que divide o sucesso do fracasso pode ser muito tênue ou impossível de ser traçada. A propósito, até mesmo a definição de fracasso e sucesso é algo relativo. A percepção de sucesso ou fracasso pode ser diferente de acordo com a ideologia de cada indivíduo.

Alguém que seja milionário, prestigiado socialmente, admirado, mas sorrateiramente desonesto, representa o sucesso? Denota sucesso o indivíduo com hábitos simples e que prioriza outros valores acima dos financeiros?

Somente depois de sua morte, Vincent Van Gogh teve sua obra valorizada financeiramente e reconhecida artística e culturalmente. Van Gogh lembra o fracasso, o sucesso, ou ambos? Já Arthur Fry, inventor do Post-it, declarou acreditar que as pessoas mais bem-sucedidas são as que acumulam a maior quantidade de fracassos. Para ele, paciência e perseverança são pontos determinantes na busca do objetivo.

Para Fábio Di Giacomo, fundador da **UM%**, fracasso é uma sensação de fraqueza e impotência relacionada com não se conseguir atingir um resultado projetado, ou seja, o resultado ficar abaixo do pessoalmente esperado. Fábio acredita que, quando não se aprende com a experiência de um insucesso e esse provoca apenas o abatimento, se não houver reação, novos insucessos são iminentes.

Ele cita algumas características a valorizar para se alcançar os objetivos desejados, as quais listo a seguir:

Persistência

Uma pessoa persistente insiste em uma mesma ação diversas vezes, sem se preocupar muito em aperfeiçoá-la ou descartá-la para utilizar uma estratégia diferente. Eventualmente, pode conseguir êxito ou permanecer na tentativa.

Perseverança

Enquanto não tem o êxito pretendido, o perseverante tenta, por maneiras diferentes, alcançar seu objetivo. A cada nova tentativa, o perseverante busca aprimorar sua empreitada com o aprendizado obtido nas tentativas anteriores não bem-sucedidas.

Aprender com o insucesso passa por uma avaliação do que foi feito, saber se houve algo realizado corretamente e o que poderia ser melhorado ou alterado.

Independentemente de o resultado alcançado ter sido acima ou abaixo do objetivo, é cabível levantar os pontos fortes do que foi feito, refletir sobre o que poderia ser diferente e o que se aprendeu no processo. Desse modo, em vez de padecer com o fracasso, o perseverante tem um sentimento de evolução.

Aprender com os erros alheios

Um conhecido ditado diz que um indivíduo inteligente aprende com os seus erros; já um indivíduo sábio aprende com os erros alheios. Portanto, muitas vezes é possível evitar os próprios erros ao aprender com os erros cometidos por terceiros.

Existem publicações científicas especializadas em experimentos não bem-sucedidos e teorias que foram descartadas. O erro de um cientista pode fazer com que outros evitem falhas similares. Esse conhecimento também pode auxiliar no desenvolvimento de projetos bem-sucedidos, por exemplo, quando as ideias são empregadas com diferentes perspectivas, objetivos e métodos.

Erros bem-sucedidos

Uma frase atribuída a Louis Pasteur diz que o acaso pode favorecer as mentes bem preparadas. A descoberta da penicilina por Alexander Fleming é um dos mais emblemáticos exemplos de erros exitosos. Fleming estudava a bactéria *Staphylococcus aureus* e formas de tratar feridas e infecções. Certa vez, quando retornou de um período de férias, Fleming notou que um dos recipientes com as colônias da bactéria ficou destampado e foi contaminado com o mofo do laboratório. Ao examinar o recipiente, foi percebido que o bolor tinha eliminado as bactérias. O bolor era formado por um fungo chamado *Penicillium*. Descobriu-se que esse fungo produzia uma substância bactericida. Era o princípio da descoberta da penicilina.

O inventor Charles Goodyear trabalhou por cerca de dez anos na tentativa de manter a borracha elástica em temperaturas altas. Goodyear não teve sucesso. Certa vez, acidentalmente deixou cair em um forno quente uma mistura de borracha natural e enxofre. Quando a mistura arrefeceu um pouco, apesar de quente, a borracha ainda tinha boa elasticidade. Estava descoberta a borracha vulcanizada.

E a teimosia? A teimosia pode ser considerada a repetição sucessiva dos mesmos erros. É preciso sensatez para identificá-la. A reorganização, o recuo estratégico e uma avaliação das falhas e do desempenho são fatores que, geralmente, não estão associados com a teimosia.

Se o indivíduo tem uma única chave para abrir uma porta, caso a chave não a abra, não faz sentido continuar com as tentativas inúmeras vezes. Se o indivíduo tem muitas chaves e diversas portas para abrir, a situação é bem diferente.

Experiência, sim; excesso de confiança, não. Convém destacar que a experiência adquirida com sucessos e/ou insucessos anteriores nem sempre é relevante diante de uma nova situação. Para cada nova situação é preciso identificar e analisar o cenário e as variáveis antes de implementar a estratégia considerada ideal.

Cada indivíduo tem sua própria maneira de interpretar sucessos e falhas. Entretanto, são recomendações pertinentes não esmorecer com as falhas cometidas e não ter soberba com o sucesso alcançado.

EXPERIMENTAÇÃO: TENTE, ERRE E ACERTE USANDO A LÓGICA DO DESIGN

É sabido como o Design Thinking (DT) é relevante para transformar ideias em produtos, serviços e novos processos, além de ampliar conhecimento e estimular a inovação. Muito longe de ser apenas uma abordagem para reflexão, o DT apoia-se em alguns pilares, sendo um deles a experimentação. Ou seja, constrói-se para pensar e aprender. Aqui temos um grande desafio para organizações que desejam mudanças culturais e estruturais. O medo de errar, muitas vezes, impede ou limita a fase de testes das ideias mais promissoras que surgem durante a prática do **Design Thinking**.

O fato é que a experimentação constitui uma ação fundamental para antecipar falhas e reduzir custos. Aplicada da maneira adequada, como parte do processo criativo, ela melhora a visão para solucionar problemas e para identificar qual papel de determinado produto nos planos da empresa. Não é possível, portanto, pensar a inovação sem, efetivamente, saber se aquele produto ou serviço cumpre as expectativas do mercado. Mas por que é tão difícil incluir prototipagem e testes no processo de desenvolvimento das empresas?

Acho importante relacionar essa conversa à cultura de inovação. A abordagem do DT está diretamente ligada a um ambiente propício para a criatividade. Não adianta, por exemplo, iniciar um novo estudo sobre um novo modelo de negócio ou melhoria de um processo, a partir do Design Thinking, se não existe apoio dos gestores ou um canal para feedback entre as equipes.

Quatro desafios da experimentação no Design Thinking:

1. Lidar com erros

Poucas empresas incorporam a ideia de que as falhas servem para ampliar a visão sobre o negócio e para agregar conhecimento. Quando consideramos a estrutura hierárquica tradicional, com decisões unilaterais e sem brecha para discussões, fica ainda mais claro perceber que os gestores têm muito medo de errar. A falha parece um atestado de incompetência, como se tivéssemos todas as respostas para cada situação que aparece no dia a dia empresarial. A vivência de momentos inesperados e a oportunidade de rever processos e de testar novos modelos nos preparam para o acerto.

2. Saber consertar o erro

Ainda mais difícil do que encarar a falha é estudar uma maneira de consertá-la. A experimentação no Design Thinking coloca em evidência os riscos e os erros das propostas, e cabe aos participantes um plano de ação para reduzir as ameaças e tornar a iniciativa viável, desejável e em sintonia com o mercado.

3. Tempo *versus* custos

"Experimentação é um gasto de tempo e de dinheiro." Com certeza, incluir a fase de testes e repeti-la em diferentes momentos do DT é uma prática que consome horas de dedicação. Mas qual o custo de um produto que já chega ao mercado malsucedido?

Temos muitos casos de lançamentos com um desempenho ruim em vendas. Grandes empresas estão sujeitas a isso, até mesmo as mais inovadoras. O **Google**, por exemplo, já teve as suas escorregadas. Em 2009, lançou o Google Wave para unir SMS, e-mails e redes sociais em um só lugar. Mas parece que o público-alvo não estava querendo algo do tipo e o produto foi encerrado apenas um ano depois. Ainda tem o fiasco da Google TV, iniciativa da empresa para entrar no mercado de mídia doméstica.

Será que essas frustrações poderiam ser evitadas com mais fases de experimentação e com um amplo entendimento da demanda e do desejo do mercado? Quantos milhões seriam economizados? Na corrida pelo pioneirismo ou para estar sempre no páreo com a concorrência nem sempre há tempo. Fica a escolha entre assumir alto risco (e alto custo) ou desenvolver soluções utilizando técnicas e abordagens eficazes.

4. Respostas imediatas

Felizmente, não sabemos todas as respostas. Por isso defendo a experimentação como a prática do aprender fazendo. No final, você pode inclusive não chegar à resposta alguma! Sem problemas, pois nem toda solução encontrada no DT pode ser viável para o momento da empresa. Isso não quer dizer que o processo foi jogado fora. Longe disso! Ao final da abordagem, todos terão uma visão real dos riscos, benefícios e propósitos de um novo negócio. Lembre-se de que esse é um trabalho constante.

Experimentar é ganhar conhecimento e reduzir custos com o desenvolvimento de produtos e serviços. É compreender, na prática, se a ideia é viável, desejável e se tem impacto no mercado. É desapegar do que não faz sentido para o momento e aprimorar aquilo que tem potencial.

DESIGN THINKING, UMA ABORDAGEM PARA COLOCAR A INOVAÇÃO EM PRÁTICA

Design Thinking (DT) é um termo que vem sendo comentado há alguns anos no ambiente corporativo, seja em **negócios disruptivos**[*] ou em setores mais conservadores. Isso não é à toa, pois essa abordagem, quando bem aplicada, auxilia muitas instituições a criarem processos, produtos e serviços, ou a reformularem os já existentes. A abordagem é, portanto, uma grande aliada no desenvolvimento de modelos de negócios inovadores. E, como facilitadora de workshops, palestras e treinamentos sobre esse assunto, sou uma grande entusiasta do Design Thinking.

Acredito que existem muitas coisas para pensar sobre o assunto. Primeiramente, não podemos deixar de explicar que Design Thinking não é apenas uma prática pensante, como o próprio nome sugere, ou algo restrito à concepção de produtos, embalagens e outras atribuições do próprio Design. Longe disso! O método é aberto a todos, também é muito ambicioso: as ideias saem dos *post-its* coloridos e da cabeça de seus participantes para serem testadas e validadas.

"Ué, não é só sentar e fazer um grande *brainstorm* sobre o assunto?" Não, e isso é muito importante de ser esclarecido: *brainstorm* é *brainstorm*, reunião é reunião e Design Thinking é algo muito maior, que também se utiliza da reunião de ideias.

---

[*] **Negócios disruptivos**: Expressão atribuída a novos negócios que mudam seus modelos de negócios e criam mercados.

APRENDER | 11

Design Thinking: aplicável, viável e desejável

Afinal, o que o Design Thinking busca? Basicamente, ele tem o objetivo de propor soluções com a colaboração de diversas áreas de uma empresa. Como destravar uma etapa do processo produtivo? De onde partir para criar um produto ou serviço ou solucionar a dor do meu cliente? Essas e outras questões podem ter tanto um ponto de partida como também um produto final com a prática do Design Thinking.

É claro que, para esse método render bons frutos, os participantes devem considerar a realidade da instituição; afinal, a solução encontrada precisa ser viável e fazer sentido aos clientes/consumidores. Isso é algo muito bacana: os participantes estão ali como parte da empresa, mas também pensando como stakeholders*. Com isso, o desfecho torna-se relevante para todos os pontos dessa cadeia.

Faça se estiver preparado para mudar. Usar o Design Thinking como parte da elaboração ou reformulação dos modelos de negócios é para os fortes, ou melhor, para quem está disposto a mudanças. É o momento para colocar a mão na massa, testar suposições e ideias, encarar fracassos, voltar à estaca zero. É um processo que requer paciência, pois nem sempre uma só aplicação do Design Thinking resultará em um plano de ação. Calma! Não estou oferecendo nada imediato ou milagroso, e, sim, um conjunto de técnicas para pensar, testar, validar e atualizar.

---

* **Stakeholders**: Termo de origem inglesa que significa "grupos de interesse". São todos os públicos de uma organização, sejam eles internos ou externos.

Por que o *Design Thinking* é tão inovador? Por vários motivos! O conceito utiliza dados (pesquisas, benchmarking*), visões de mundo, pensamento visual, elaboração de protótipos (ou outras formas de testar as soluções) para transformar ideias em produtos, serviços, novos processos, mais conhecimento e inovação.

Além de deixar no passado a resolução — ou criação — de problemas às cegas e o afastamento entre instituições, seus colaboradores internos e stakeholders, o Design Thinking é ainda mais inovador por promover estas cinco habilidades:

1. Empatia

Coloque-se no lugar do cliente, do consumidor ou do colega que estará envolvido, direta ou indiretamente, nas mudanças propostas pelo DT.

2. Experimentação

Visualize, o mais rápido possível, novas situações para compreender, melhorar e testar hipóteses, antes que tempo e dinheiro sejam desnecessariamente desperdiçados.

3. Colaboração

Um time trabalhando junto para compreender vários pontos de vista e criar soluções que tenham um real impacto na vida das pessoas.

---

* **Benchmarking**: Originado da palavra bechmark — que significa referência, em português —, o termo é utilizado para referir-se ao processo de estudo das boas práticas adotadas por uma empresa do mesmo segmento.

4. Multidisciplinaridade

A riqueza de ideias está na diversidade de perfil dos participantes. Todos podem encontrar uma boa solução, não apenas o funcionário do setor X ou a equipe de gerentes. O Design Thinking é democrático e colaborativo. Quanto mais visões diferentes, mais ideias para serem amadurecidas e testadas.

5. Liberdade

Não venha com preconceitos ou censuras. O ambiente para a prática do DT deve ser livre de julgamentos. Os participantes precisam se sentir parte do processo e ter total liberdade para sugerir. Isso nos leva a outra afirmação: Design Thinking é um grande aliado da **cultura de inovação**.

DESIGN THINKING NÃO É RESTRITO A EMPRESAS INOVADORAS

O que fazer com os dados gerados pelo *Design Thinking (DT)*? Como empresas inovadoras conseguem aproveitar a etapa de **experimentação** para darem sequência ao projeto de mudança? Essas e outras questões mostram que o *Design Thinking* é um tema inesgotável. Quanto mais aplicamos suas técnicas, mais *insights* conseguimos obter para realimentar o processo de inovação. Por isso, ressalto que a ferramenta pede uma aplicação contínua, pois nem sempre teremos um resultado viável em apenas uma abordagem. O DT deve ser parte da cultura de inovação.

Ao colocar as ideias em teste, na fase de prototipagem, chegamos a um ponto importante do Design Thinking, no qual surgem diversas respostas para o objetivo inicial. Talvez a mais importante delas seja o impacto da proposta no mercado. Saber se, além de viável para a empresa, aquele protótipo reflete o desejo e as necessidades do público-alvo. No contexto de grandes empresas inovadoras, a experimentação pode ser mais simples, pois há recursos destinados ao processo e uma cultura do "aprender fazendo" já consolidada. Mas como incluir a concretização de ideias na rotina de todas as organizações?

Primeiramente, vamos esclarecer que a prototipagem do *Design Thinking* não é necessariamente o **produto pronto para uso**[1]. Isso sim seria um grande custo para as empresas e a ferramenta ficaria restrita a grandes indústrias. A representação de uma ideia pode estar em um simples pedaço de papel, na *web*, em peças de Lego, storyboard*, na encenação de uma situação (ideal para propostas de melhorias em prestação de serviços).

O importante é que o protótipo transmita aos participantes, da maneira mais clara possível, seus objetivos e uso. Com isso, é possível reduzir as incertezas e, consequentemente, os riscos do projeto e seu custo. Em meus *workshops*, tenho presenciado esse momento como a grande oportunidade para a equipe do projeto conversar entre si, alinhar as expectativas e chegar a consensos muitos importantes que, por qualquer motivo, não tinham surgido antes.

Pós-experimentação em empresas inovadoras (ou, aparentemente, não tão inovadoras), eis o "xis" da questão: empresas inovadoras utilizam o conhecimento adquirido na experimentação para planejar a chegada do produto ou serviço ao mercado, ou a introdução de um novo processo. Fazem isso com um profundo conhecimento, tanto do produto quanto da experiência do público-alvo (empatia).

Mas vamos deixar um pouco o Google, e outros cases inovadores, como **Apple** e **Uber**, de lado para tratar sobre um exemplo interessante do **centro de inovação da Veterans Affairs** (EUA). Para servir melhor os veteranos de guerra (problema a ser resolvido), a instituição pública criou um processo contínuo de Design Thinking (mapa de empatia, jornada do usuário e diversas outras ferramentas), focado em necessidades, comportamentos e experiências dos clientes (feedback).

---

* ***Storyboard:*** Série de ilustrações, organizadas em forma sequencial, para detalhamento de um roteiro.

A ideia fundamentou-se em princípios básicos: usar e abusar da empatia, buscar os clientes onde eles estão (uma proatividade que já faz parte da experimentação), testar ideias com seu público e colocar o veterano como foco de todas as etapas do desenvolvimento de produtos, serviços e processos. **Esse kit disponibilizado pela instituição** é o norte do projeto e, nele, é possível identificar todas as etapas do DT, inclusive prototipagem rápida e testes de usabilidade. Com a prática, a instituição conseguiu identificar os altos e baixos no relacionamento com seus clientes para reformular seus processos e criar um padrão para as redes de atendimento.

Se olharmos ao redor, perceberemos que o Design Thinking já é realidade. Em cada setor, ele mostra uma maturidade diferente, mas nunca devemos vinculá-lo apenas a startups ou a grandes corporações de tecnologia.

Por essas e outras que defendo: DT não é moda passageira. Muito pelo contrário! Com o uso de suas ferramentas, especialmente da prototipagem, conseguimos enxergar como as pessoas se relacionarão com novos processos, produtos e serviços. A partir dessa interação, fica muito mais simples perceber os pontos fortes e os riscos dos projetos, ter novas ideias para melhorias e realimentar a criatividade, que é uma grande aliada da inovação.

DESIGN DE NEGÓCIOS: TRÊS REQUISITOS PARA O SUCESSO DAS EMPRESAS

O design de negócios está disponível para todos que estão atrás de um mesmo objetivo: **inovação estratégica** para o cliente. Em startups e empresas de tecnologias — que nascem dinâmicas — fica mais fácil visualizar a aplicação das transformações da metodologia e o acolhimento dos profissionais especialistas, os *business designers*. Como fazer o mesmo em empresas tradicionais? É preciso adotar uma nova mentalidade. A maneira mais apropriada é obter depoimentos e fazer intercâmbios com quem vivencia a experiência.

Misa Misono, ex-diretora de design da **IDEO**, empresa global de design e consultoria em inovação, fundada em Palo Alto, Califórnia, em 1991, explica com propriedade sobre design de negócios. Para ela, o principal papel do profissional da área é manter a balança equilibrada. Ou seja, **valorizar as necessidades dos usuários** e dos clientes. Na IDEO, as soluções inovadoras eram originadas quando se encontrava uma sintonia entre viabilidade e conveniência. Era preciso projetar o que era viável. Com esse tipo de conhecimento, torna-se mais factível a ideia de trazer a mentalidade para dentro de qualquer empresa.

Misa Misono continua descrevendo a rotina de quem trabalha com design de negócios. Em um momento inicial, o foco está em traduzir o que o cliente deseja e transformar esse desejo em desafios para as equipes. Para isso, sugere questionar: "como é possível tornar nossos clientes atuais mais leais?" Na fase de pesquisa, a viabilidade significa experimentar e prototipar para responder perguntas sobre necessidades do nicho ou posicionamento da marca. Finalmente, desenha-se como as recomendações do design de negócios estão conectadas com a estratégia da empresa.

Esse é o panorama da nova habilidade para os negócios. A questão que deve sempre ser feita não é sobre processos, mas como obter um design de negócios de sucesso. Para tal, lembramos algumas características que garantirão a sustentação de uma mudança. Como dito, em startups e novas empresas, a cultura da nova era tende a facilitar a utilização dos objetivos do *business design*.

Contudo, embora o caminho possa ser mais longo, é possível — e bastante recomendável — que empresas tradicionais, e até mesmo as mais sólidas, atentem-se para aquilo que o mercado está pedindo. Afinal, será um pré-requisito para que elas façam parte do futuro. Seguem as características:

1. Profissionais com o mindset de design de negócios

"Design de negócios é a habilidade mais importante para o futuro." Essa fala é de David Schmidt, *business designer*, consultor digital e empreendedor alemão. Analisando o cenário em que vivemos e no qual ele está propenso a se tornar, Schmidt alerta para que as empresas adotem uma abordagem para criar modelos sustentáveis em um mundo que exige mudanças rápidas. É aqui que entra o design de negócios para ajudar a entender o contexto, focar as pessoas, inovar e testar o quanto antes.

Adotar verdadeiramente a mentalidade do design de negócios é a diferença de um ótimo profissional e apenas mais um. Aqui, cabe a união do pensamento analítico com a criatividade. É preciso entender os desafios, fazer escolhas e reduzir o número de soluções — nesse caso, de possibilidades de solução. Da mesma forma, precisa-se de um pensamento divergente para ir além do comum e conseguir inovar. Como unir isso? Aplicando e disseminando a ideia de que é fundamental continuar com as características analíticas, mas não há como fugir das incertezas do momento. Deve-se, inclusive, abraçá-las em suas hipóteses.

Outro ponto que faz um design de negócios funcionar é contar com um profissional que traga não só números, mas curiosidade; que se mantenha atualizado com o mercado e esteja aberto para experimentar. Há vários focos: o entendimento do cliente e daquilo que está fora da empresa. A implementação desse mindset[*] também trará mais colaboração. Afinal, é a partir do cruzamento de áreas de conhecimento que surgem novidades.

O design de negócios precisa de especialistas aptos e abertos a adquirirem uma nova mentalidade. São profissionais que podem vir prontos e formados pelo mercado, mas podem partir da incorporação dessas características pelas lideranças das empresas e equipes de recursos humanos. Inclusive, em uma empresa tradicional, um líder que pensa como *business designer* traz resultados bastante positivos dentro dessa proposta, mesmo em um ambiente mais rígido.

2. Flexibilidade para analisar, propor e testar

O conceito de **Lean Startup**[2], popularizado pelo empreendedor, consultor e escritor americano Eric Ries, condiz bastante com o que o design de negócios propõe: ter espaço para testar o quanto

---

[*] **Mindset**: mentalidade ou programação mental, significa os pensamentos e as crenças que uma pessoa possui e que refletem seus sentimentos ou comportamentos.

antes as suposições e aprender com elas. No método proposto por Ries, é sugerida a realização do Ciclo de Feedback: construir, medir e aprender. Em resumo, primeiro se estabelecem objetivos e se constrói um protótipo, depois medimos os aprendizados e sempre estamos aprendendo com o processo e com os clientes, gerando novas ideias, novos produtos, recebendo feedbacks, e assim sucessivamente, até obtermos o sucesso na entrega do resultado.

A flexibilidade está na capacidade de enxergar de forma analítica, solucionar e inovar. A construção de uma solução no design de negócios parte da investigação sobre criação e inovação para uma formulação de hipóteses. Com isso, será identificado o que deve ser testado, serão construídos protótipos e recebidos feedbacks. Assim, extraem-se resultados e parte-se para um novo ciclo do próximo protótipo.

3. O usuário é o centro das atenções

É preciso lembrar: **o foco está no usuário**. Para um design de negócios ser um sucesso, deve-se fornecer algo que é relevante para o público. Todo pensamento analítico, criatividade e inovação devem estar alinhados com o propósito de entregar valor para quem utilizará o produto ou o serviço. Por esse motivo, é fundamental saber com quem se está lidando, conhecer a fundo o cliente, saber suas motivações, suas dores e características pessoais. É o tipo de relação que estabelece a empatia imprescindível para propor algo que seja atraente e funcional.

Como fazer? Isso pode parecer simples, mas tem um efeito poderoso. Como diz **Steve Blank**, professor emérito de Stanford e UC Berkeley e uma autoridade em empreendedorismo que lançou as bases do movimento *Lean Startup: get out of the building* — ou, no bom português, vá pra rua! Converse com as pessoas, identifique as necessidades, valide a sua solução, entenda o seu cliente, teste os canais, capte parceiros estratégicos. Aprenda, ajuste e adapte sua entrega.

A HOLOCRACIA COMO FORMA DE AJUDAR O SEU NEGÓCIO

Não é raro que algumas particularidades dos temas sobre cultura de inovação, organizações exponenciais e RH Ágil se sobreponham. Isso porque, tanto para construir um RH Ágil quanto para crescer de forma exponencial, é fundamental modernizar a cultura organizacional. Para tanto, é necessário fortalecer a confiança com a equipe, dar mais autonomia, criar uma rede de colaboração, reduzir a hierarquia ou até mesmo apostar na holocracia.

Aliás, não é de hoje que o *manager-less* (organizações que funcionam sem gerentes formais) entrou para a pauta das organizações, principalmente depois que startups como **iFood**, **Nubank** e **99** começaram a deslanchar tendo uma **cultura organizacional menos engessada**.

A holocracia é um **modelo de gestão distribuída** que visa colocar o empoderamento no núcleo da organização. O conceito foi criado pelo americano Brian Robertson, consultor e ex-empreendedor da área de tecnologia, e o seu princípio básico é treinar a equipe, motivar e encorajar os colaboradores e otimizar os fluxos de informações para que a empresa possa responder de forma mais rápida às questões do dia a dia.

Em resumo: não existe nenhuma ação *top-down*, portanto, não há hierarquia vertical. Nas empresas que se guiam por esse modelo de gestão, os projetos são avaliados por todas as áreas em uma espécie de comitê.

Na prática, podemos dizer que a autoridade, que antes era concentrada no CEO, é distribuída entre as equipes. Dessa forma, as interações são menores e os processos tendem a ser mais curtos, porque cada time se autogerencia e se orienta por regras e metas em comum.

Para fazer com que a holocracia funcione, as empresas precisam, no mínimo:

- Eliminar a hierarquia vertical;
- Ser flexíveis;
- Conceder autonomia aos colaboradores e empoderá-los para que tomem decisões;
- Fomentar a colaboração;
- Investir em uma comunicação eficaz e transparente;
- Criar regras comuns para os times.

Será que a holocracia funciona para todas as empresas? É difícil responder que sim ou que não, porque é necessário entender o momento da empresa, quão flexível é a **cultura organizacional** ou se os colaboradores estão prontos para abraçar tamanha responsabilidade. No entanto, há quem acredite que a figura do "chefe" já está ultrapassada, mas existem também especialistas que defendem o meio-termo entre a holocracia e a cultura tradicional e engessada.

O professor Edmarson Mota, da Fundação Getúlio Vargas (FGV), é um desses profissionais que acredita que a redução da autoridade do chefe faz parte do desenvolvimento natural das empresas. Para ele, as organizações precisam se adaptar de forma gradual aos profissionais que buscam mais autonomia e realização. Na reportagem "**Gestão sem chefe traz desafios para as companhias**[3]", publicada no jornal *Valor Econômico*, o empreendedor Gustavo Tanaka afirmou ter iniciado três startups segundo os moldes da gestão horizontal. No entanto, além da holocracia, o lucro seria dividido de acordo com o tempo que cada um dedicasse ao projeto.

Mas era um modelo radical demais e, com o passar do tempo, faltou dinheiro e as tensões aumentaram. Para o administrador, ficou o aprendizado. Contudo, ele conseguiu reconhecer que várias ferramentas que vieram antes, como salário, metas e avaliações de desempenho fazem sentido e que não é preciso eliminar tudo que veio antes para criar um **modelo de negócio inovador**.

Quem também acredita em equilíbrio entre hierarquia e flexibilidade é Deli Matsuo, CEO da Appus, empresa de tecnologia aplicada à gestão de pessoas. No artigo "**A holocracia está fazendo sucesso, mas faz sentido para sua empresa?**[4]", que escreveu para revista *Época Negócios*, ele lembrou que os defensores da holocracia colocam a hierarquia como inimiga da criatividade. No entanto, há modelos em que foi possível criar processos para fomentar a criatividade na empresa e fazer com que ela coexistisse com a hierarquia.

O exemplo citado por Matsuo é o Google, pois lá a cultura organizacional é mais flexível e existem horas predefinidas para os colaboradores utilizarem em projetos de inovação ou em atividades que estimulem a criatividade. Além disso, ele cita as **OKRs*** (*Objectives and Key Results*) como ferramentas fundamentais para engajar e motivar os colaboradores em metas individuais e de equipe. Para ele, quando essas metas são definidas e revistas com periodicidade, é possível guiar a empresa rumo ao crescimento.

---

* *OKRs* (*Objectives and Key Results*): Termo em inglês que significa, em português, objetivos e resultados-chave. É uma metodologia de gestão com foco em alcançar os objetivos da empresa.

Apresento algumas empresas que já implantaram esse conceito e que estão colhendo resultados.

Quando uma palavra nova surge no mundo dos negócios é porque, com certeza, alguém já começou a lucrar com isso. Em se tratando de holocracia, as referências são a **Zappos**, nos Estados Unidos, e a Vagas.com, no Brasil.

A Zappos é um *e-commerce* de roupas e sapatos conhecida pelo atendimento superpersonalizado. E isso acontece porque o call center não é um departamento comum, mas, sim, um lugar onde cada colaborador tem autonomia para negociar com o cliente e entregar o momento "wow".

Para o ex-CEO da Zappos, Tony Hsieh, tudo se resumia em ter uma cultura certa na empresa. Assim, criou-se um ambiente divertido, receptivo e criativo, no qual as pessoas estavam abertas à mudança e também dispostas a aprender e colaborar com todos os times. Do RH ao TI, toda a empresa está focada em entregar a melhor experiência para o cliente. E todos os colaboradores sentem-se orgulhosos e motivados por fazerem parte de uma empresa que tem, em seu DNA, a colaboração.

Já a **Vagas.com** administra a sua carteira de clientes sem chefes, metas e até mesmo orçamento definidos. Isso significa que todas as decisões, desde as contratações e até mesmo o salário, são realizadas pela equipe. Na reportagem "**Sem chefes ou metas, Vagas é premiada por gurus de gestão**[5]", da revista *Exame*, o fundador, Mário Kaphan, destacou que o modelo de gestão da empresa não funciona como uma democracia, em que todos têm o direito de voto e na qual vence a ideia mais votada. Muito pelo contrário. Ele explicou que os colaboradores precisam praticar o desapego. Alguém pode ter uma ideia muito boa, mas, se em uma reunião aparecer outro colaborador que tenha uma solução melhor, essa é a que poderá ser adotada.

Para que isso funcione, são criados comitês temporários sempre que a empresa precisa que várias equipes trabalhem juntas. A quantidade de comitês também é prevista no planejamento estratégico da Vagas.com. É importante ressaltar que esse planejamento também acontece de forma colaborativa, em que todos têm voz e podem opinar sobre os próximos passos da empresa.

Parece meio utópico, mas tanto a Zappos quanto a Vagas.com têm conseguido crescer de forma sustentável.

FELICIDADE NO TRABALHO: A SATISFAÇÃO DOS COLABORADORES É ESTRATÉGICA PARA A SUA EMPRESA

As mudanças exponenciais, o aumento dos aplicativos de mensagens e as novas exigências das profissões fizeram com que o adoecimento mental fosse a terceira maior causa de afastamentos nas empresas. Não por acaso, a pesquisa "**Mental health in the workplace**" (Saúde mental no ambiente de trabalho, em tradução livre), realizada pela *World Health Organization,* a Organização Mundial da Saúde, mostrou que, nos últimos dezoito anos, a economia mundial perdeu cerca de US$1 trilhão devido aos casos de depressão e ansiedade.

Por outro lado, o mesmo estudo mostrou que a cada US$4 investidos em ações que visem ao bem-estar do trabalhador, o retorno é quase imediato em aumento de produtividade. É por isso que a felicidade no trabalho entrou para a agenda das empresas. Essas organizações têm oferecido horários de trabalho mais flexíveis, momentos em grupo, voltados para o bem-estar, como práticas de ioga e meditação, além de investir em tecnologia para tornar o ambiente de trabalho mais alegre e colaborativo.

Outro ponto que merece destaque é que o estresse e a ansiedade causados pelo trabalho não afetam apenas o colaborador que se encontra em estado vulnerável. Ao contrário, um trabalhador estressado afeta todos em sua volta. Uma pesquisa realizada pela empresa **Capita Employee Solutions**, considerada a maior consultoria de engajamento de funcionários no Reino Unido, mostrou que 44% desses profissionais ficam mais estressados na empresa, 28% descontam na família e 25% aumentam o consumo de álcool.

Dessa forma, investir em programas que promovam felicidade no trabalho não é uma moda, mas, sim, colocar os talentos no centro da estratégia. Afinal, um profissional motivado tem entregas de mais qualidade, e isso reflete, indiretamente, no cliente.

Trabalhadores felizes são mais criativos, aproveitam mais oportunidades e têm mais energia para aplicar em suas atividades diárias. Do ponto de vista da organização, também é mais fácil criar relacionamentos. Afinal, todo mundo prefere fazer parte da equipe mais animada.

Em outras palavras, a felicidade no trabalho influencia também na inovação e nos resultados financeiros da empresa, já que empresas que pararam no tempo tendem a sofrer mais os efeitos da **disrupção digital** e os princípios da inovação são justamente a criatividade e a colaboração.

Dessa forma, é quase automático inferir que os colaboradores das empresas exponenciais são mais felizes e criativos. E são mesmo! Se você fizer o exercício de observar o *feed* dos colaboradores de empresas como **Nubank**, **Creditas** e **ThoughtWorks** perceberá que há um senso de pertencimento e que são muitas as fotos publicadas no ambiente da empresa. Essas organizações estiveram, em janeiro de 2019, no ranking de empresas com os **funcionários mais felizes**[6], levantado pela **Glassdoor**, uma das maiores plataformas de emprego e recrutamento do mundo.

Até aqui vimos que promover ações focadas no bem-estar do colaborador é essencial para o crescimento da empresa, inclusive influenciando positivamente a marca empregadora. Contudo, é importante alertar para o fato de que a felicidade no trabalho é um conceito com diferentes interpretações e que acaba gerando uma série de mal-entendidos no mundo corporativo.

O que é felicidade no ambiente de trabalho? O artigo "**Felicidade no trabalho: as pesquisas que ignoramos**", publicado pela *Harvard Business Review* (HBR), alerta para o fato de que não sabemos ao certo o que é felicidade e como mensurá-la, e que nem sempre um colaborador que atingiu a satisfação profissional pode ser um funcionário exemplar e produtivo. Os autores André Spicer e Carl Cederström alertam que nem sempre ser feliz no trabalho ajuda a enfrentar o estresse do dia a dia, sobretudo para quem trabalha em áreas como atendimento ao cliente ou gestão financeira.

Além disso, a publicação também alerta para o fato de que a felicidade pode ser exaustiva e atrapalhar a relação com o líder. Quem entrega mais está sempre em busca de reconhecimento e, quando ele não vem, o colaborador pode se tornar mais vulnerável.

No fim, o trabalho é mais uma área da vida humana. O ambiente é construído em cima de processos e relações pessoais que podem causar diferentes emoções. Para os autores citados, "a felicidade é algo maravilhoso, mas não pode ser criada pelo nosso simples desejo. E, talvez, quanto menos buscarmos ativamente a felicidade no trabalho, mais alegria possamos encontrar nele".

Já o CEO da organização Happiness Works*, Nic Marks, defende a teoria de que a felicidade no trabalho é medida por três emoções: o entusiasmo, que contribui para a criatividade e o melhor aproveitamento das oportunidades; o interesse, que faz com o que o trabalhador foque as atividades e a qualidade das entregas; e o contentamento, que nada mais é do que a felicidade sentida ao entregar algo que gere valor para a organização.

---

* O estudo **Happiness Works** é realizado desde 2012 e tem como objetivo avaliar o nível de Felicidade Organizacional. É realizado em parceria pela Lukkap Portugal, Universidade Atlântica, Revista Exame, APG (Associação Portuguesa de Gestão das Pessoas), ACEGE (Associação Cristã de Empresários e Gestores) e Happy Brands.

É possível aumentar a felicidade na minha empresa? A resposta é positiva, claro. É por isso que empresas que cresceram de forma exponencial e investiram na marca empregadora recebem uma chuva de currículos todos os dias. Elas desenvolveram ambientes acolhedores, criaram pacotes de benefícios atraentes, além de fomentar uma cultura organizacional focada na colaboração, na autonomia e na flexibilidade.

O primeiro passo para promover a felicidade no trabalho é desenvolver uma cultura organizacional que abrace essa causa. Em alguns casos, existe um trabalho anterior a isso: desenvolver um mindset de crescimento na alta gestão. Feito isso, siga as dicas a seguir:

- Contrate profissionais alinhados com a cultura da empresa;
- Capacite a equipe de forma que os colaboradores se sintam preparados e tenham autonomia para tomar decisões de forma rápida;
- Reconheça os avanços da equipe. Quando você tem uma cultura de feedback, cria um sentimento de apreciação e pertencimento em seu time. Essa postura reflete no dia a dia da empresa e na qualidade das entregas;
- O colaborador precisa desenvolver na empresa atividades que estejam relacionadas com as suas aspirações profissionais;
- Fomente relações positivas entre os colaboradores. Ninguém precisa, necessariamente, ser amigo, mas viver em harmonia é o primeiro passo para o bom trabalho em equipe.

ÍNDICE DE FELICIDADE NO TRABALHO E POSSÍVEIS FORMAS DE MEDIÇÃO

A felicidade é um fator extremamente importante para nosso bem-estar. Tanto é que empresas ao redor do mundo têm despertado sua atenção para o chamado índice de felicidade no trabalho.

E o motivo disso é bastante claro. Afinal de contas, os colaboradores são o maior patrimônio de uma organização, e a felicidade deles no ambiente corporativo tem um impacto profundo na produtividade e na lucratividade do negócio.

O resultado disso é que muitas empresas buscam realizar uma autoavaliação crítica periódica, com foco não apenas no seu público, mas também em seus colaboradores.

É por isso que o índice de felicidade no trabalho tem se tornado uma métrica tão importante para empreendedores, gestores e todo o setor de Recursos Humanos.

O Índice de Felicidade no Trabalho (IFT) é uma métrica que permite que as empresas possam medir a satisfação de seus colaboradores com sua vida profissional e com o ambiente organizacional.

A medição do índice é importante, pois está diretamente relacionada ao desempenho e à produtividade das equipes, assim como ao employer branding* das organizações.

---

* **Employer branding:** Ações entre os colaboradores da empresa para promover maior bem-estar, engajamento e retenção.

Um exemplo dessa importância e popularidade é que o índice de felicidade no trabalho é um dos fatores considerados na pesquisa "**As 150 Melhores Empresas para Trabalhar**[8]" do Guia Você S/A.

Nesse caso, o índice de felicidade no trabalho considera dois fatores:

- A percepção dos colaboradores em relação à organização;
- A avaliação das políticas e práticas do setor de Recursos Humanos.

A revista *Você S/A* e a Fundação Instituto de Administração (FIA) consideram o índice de felicidade no trabalho, em sua pesquisa, justamente por esse fator ser uma das principais razões de:

- Bom nível de engajamento;
- Fit cultural*;
- Satisfação dos colaboradores;
- Resultados positivos nos negócios.

Mas como medir o índice de felicidade no trabalho? Esse indicador não é uma ciência exata e, justamente por isso, não possui uma fórmula definida.

O que podemos fazer é buscar, em empresas que já adotam esse índice, uma referência, mas ter em mente que é preciso adaptar a forma de medir o índice de felicidade à realidade da nossa organização.

---

* **Fit cultural**: Avaliação feita na etapa de recrutamento para descobrir o quanto as crenças e valores do candidato à vaga estão alinhadas com a cultura e o propósito da empresa.

Uma das formas adotadas por empresas para medir o índice de felicidade no trabalho segue estes passos:

1. Pesquisa

Escolher um modelo de pesquisa interna de acordo com os objetivos e o perfil dos profissionais (perguntas abertas, NPS (Net Promoter Score)*, múltipla escolha etc.)

2. Critérios

Definir os critérios que serão avaliados durante a pesquisa:

- Comunicação interna;
- Reconhecimento;
- Benefícios;
- Autonomia, entre outros.

3. Interpretação

Analisar e interpretar os dados da pesquisa.

Uma boa opção nesse caso é contar com uma solução de pesquisas e análises digitais para RH. Essas ferramentas costumam oferecer pesquisas automatizadas e ainda apresentar relatórios inteligentes. Com isso, você garante mais agilidade em sua pesquisa e maior precisão nos resultados.

***NPS** (*Net Promoter Score*): Indicador de desempenho que permite entender a satisfação do público referente a um serviço prestado por uma empresa.

Como melhorar o índice de felicidade no trabalho? A felicidade no trabalho é uma combinação de diversos fatores que podem ter influências diretas das decisões de superiores. Mesmo que você não seja um decisor, pode contribuir para a melhoria desse índice, atentando-se a determinados acontecimentos e promovendo ações que geram resultados positivos entre os colaboradores.

Confira alguns exemplos de ações que podem ser feitas para que o índice de felicidade no trabalho melhore em sua organização:

- Cuide da felicidade do colaborador desde o início de sua jornada na empresa, ou seja, desde o processo de seleção;

- Busque dar autonomia aos colaboradores e reforce programas que incentivem essa postura;

- Estabeleça programas e iniciativas de reconhecimento, pois isso é fundamental para incentivar maior participação e integração dos colaboradores;

- Tenha um plano de carreiras claro e promova programas de desenvolvimento e capacitação entre os colaboradores;

- Insira os colaboradores na cultura da empresa e encontre neles os ajustes e inspirações que possam guiar os rumos da organização;

- Ofereça um ambiente de trabalho confortável e que disponha das ferramentas ideais para a execução das atividades;

- Utilize os dados encontrados em seu índice de felicidade no trabalho para propor melhorias, ajustes e ampliar as ações que têm trazido os melhores resultados.

Mesmo com todos os questionamentos e métodos de análises apresentados, é importante lembrar que, mais importante que fórmulas, estatísticas e índices, a felicidade é algo subjetivo. Por isso, além das métricas, é importante perceber o outro. Afinal de contas, atitudes do cotidiano dizem muito sobre as pessoas, e no ambiente de trabalho isso não é diferente.

Avalie como a sua equipe tem se comportado diariamente e de que forma ela reage a determinados acontecimentos. Pequenas atitudes dos colaboradores e dos gestores podem dizer muito sobre o índice de felicidade em uma empresa.

DEPRESSÃO NO TRABALHO É, SIM, PROBLEMA DA EMPRESA

Antes ignorada, a depressão no trabalho está deixando de ser um assunto tratado como inconveniente e agora passa a ser pauta de empresas com forte política de responsabilidade em relação aos seus colaboradores.

Essa preocupação por parte de algumas empresas não é por acaso. De acordo com dados da Organização Mundial de Saúde (OMS), a partir de 2020 a depressão passou a ocupar o segundo lugar entre as principais causas de incapacidade para o trabalho em todo o mundo. Até meados de maio de 2020, estimava-se que 121 milhões de pessoas tinham depressão; dessas, 17 milhões estão no Brasil.

Mas de que forma uma organização deve lidar com a depressão no trabalho? Confira qual o papel das empresas nesses casos, como auxiliar o colaborador deprimido e de que forma é possível promover ações para reverter casos da doença.

Depressão no trabalho: o papel da organização

É preciso deixar claro que as organizações possuem um papel fundamental na identificação e no suporte ao colaborador em depressão no trabalho. Para que esse papel seja cumprido, é necessária uma presença ativa da área de pessoas ou RH.

Os profissionais dessa área devem ter uma formação que os prepare para, além de valorizar os profissionais, avaliá-los constantemente. Com isso, o setor de RH conseguirá entender e identificar o que se passa com determinado colaborador e conseguir tomar as melhores decisões para ajudá-lo.

A saúde mental requer um cuidado fundamental que as organizações precisam ter com seus funcionários e precisa ser tratada como um benefício para a organização. Isso pode ser afirmado porque um colaborador com saúde mental é mais engajado, produtivo e tende a ficar mais tempo na empresa. No entanto, esses não devem, de forma alguma, ser os principais motivos dos cuidados da empresa com o colaborador. Deve-se sempre pensar em uma cultura humanizada, que reconheça e valorize o profissional por trás do crachá.

O papel dos gestores

O setor de RH é fundamental na identificação e no acompanhamento do colaborador em depressão no trabalho. Mas isso não deve ser delegado apenas a essa área. Os gestores também são peças fundamentais em todo o processo, pois estão próximos e lidam diretamente com os funcionários.

São os líderes, os gestores e os colegas que, geralmente, percebem as mudanças no comportamento das pessoas em seu entorno e devem recorrer ao setor de RH para saber como lidar com esse tipo de situação. Aqui, o profissional de RH cumpre outro papel importante nesse processo: o de capacitar esses gestores para darem suporte adequado aos funcionários em depressão no trabalho.

Essa capacitação pode ser feita por:

- Treinamentos específicos;
- Conversas e orientações no dia a dia;
- Informações sobre saúde mental, entre outras ações.

Além de ser um gravíssimo caso de saúde, a depressão no trabalho também causa efeitos negativos na economia. De acordo com um estudo realizado pela *London School of Economics*, em 2016, os prejuízos em produtividade causados pela depressão chegaram a US$246 bilhões em todo o mundo. Esse prejuízo é anual.

O Brasil ocupa o segundo lugar nessa lista de prejuízos, chegando a US$63,3 bilhões ao ano e ficando atrás apenas dos Estados Unidos, com perda de US$84,7 bilhões ao ano. E é por isso que algumas organizações já perceberam que a prevenção é o melhor caminho para evitar esse dano, seja financeiro ou emocional.

As mudanças comportamentais, seja a curto, médio ou longo prazo, são os principais sintomas de depressão no trabalho. Uma boa forma de acompanhar essas mudanças é por meio de uma avaliação de desempenho, já que a produtividade do colaborador é afetada em quadros depressivos.

Além disso, outros sintomas que podem ser percebidos no cotidiano são fundamentais para a identificação da depressão no trabalho. São eles:

- Fadiga, causada principalmente por distúrbios do sono;
- Mudança de humor;
- Oscilações de sentimentos: culpa e baixa autoestima;

- Picos de alegria/euforia;
- Insatisfação constante;
- Indecisão;
- Introspecção;
- Distúrbios de apetite;
- Dificuldades de concentração;
- Perda de interesse por atividades que até então lhe eram atrativas, entre outros.

Organizações com uma cultura focada na humanização dos funcionários já entenderam a importância de conhecer mais sobre a depressão e sobre as formas de tratamento para que possam ajudar os colaboradores a lidarem melhor com a doença.

Ao identificar a depressão no trabalho, cabe à organização oferecer um ambiente de trabalho saudável e acolhedor. E isso pode ser feito por meio de:

- Programas de Qualidade de Vida;
- Incentivo à prática de atividades físicas;
- Ferramentas de gestão que ofereçam um canal aberto e confiável ao colaborador;
- Acompanhamento de psicólogos e psiquiatras etc.

De todas essas ações, incentivar e, se possível, oferecer um acompanhamento profissional ao colaborador com quadro de depressão é a mais importante. A depressão é uma doença e pode ter consequências gravíssimas para o paciente quando não for tratada corretamente.

O que fazer para prevenir a depressão no trabalho

O nosso local de trabalho é onde passamos a maior parte do nosso dia, e a nossa convivência com colegas é, em alguns casos, mais constante do que com nossa própria família. É por isso que as organizações podem e devem ter um papel importante na prevenção da depressão no trabalho.

Isso pode ser feito por meio de programas especiais ou de ações simples, como:

- Oferecer um local de trabalho seguro: livre de assédios, comportamentos tóxicos e com estrutura adequada;

- Oferecer uma rotina de trabalho flexível: programas de bem-estar e a possibilidade de realizar home office ou ter um horário flexível são fatores que influenciam diretamente na saúde mental do trabalhador;

- Oferecer auxílio especializado aos profissionais com depressão no trabalho: é de extrema importância dar suporte a esses colaboradores e também demonstrar aos demais que a empresa é presente e se preocupa com seus funcionários;

- Oferecer um salário compatível com a atividade realizada e benefícios que de fato acrescentem valor aos colaboradores; entre outros.

Cada empresa possui a sua realidade e a sua cultura, que podem e devem ser moldadas conforme as necessidades dos colaboradores.

É cada vez mais real a importância de se humanizar as relações de trabalho e tratar com respeito e empatia todos aqueles que colaboram para o desenvolvimento da empresa.

A SÍNDROME DE *BURNOUT* NAS ORGANIZAÇÕES ATUAIS

Você tem percebido algum colaborador mais cansado, estressado ou irritado? É melhor ficar atento, chamá-lo para uma reunião de um a um ou apenas conversar com ele para entender os motivos da mudança de comportamento. Ele pode estar com Síndrome de *Burnout*, uma doença provocada pelo excesso de trabalho e que causa distúrbios emocionais.

Não precisamos ir muito longe para dizer que, se o problema é causado por excesso de trabalho, é responsabilidade da organização. É necessário ter muita empatia e disponibilidade para ajustar o processo ou até mesmo mudar o profissional de função para que ele fique bem. Afinal, as principais características do **líder do futuro** são empatia, equilíbrio entre o ser e o dever, ser encorajador e dominar técnicas de resolução de conflitos.

O que é a Síndrome de *Burnout*?

Como abordei no início deste tópico, a Síndrome de *Burnout* é causada por esgotamento profissional. Geralmente, os trabalhadores que são surpreendidos por essa doença estão ligados a cargos de extrema pressão e de muita responsabilidade, como policiais, professores, médicos, vendedores e executivos.

No entanto, os sintomas também podem se manifestar nos colaboradores que estão em funções que exigem muito conhecimento e que contam com metas agressivas, mas que o profissional não se sente seguro de realizar.

A doença deve ser tratada o mais rápido possível, pois pode causar depressão — e sabemos o impacto dessa doença para o profissional, para as empresas e para a economia.

Conheça os principais sintomas da doença, para ficar alerta:

- Alterações no humor;
- Complicações gastrointestinais;
- Confinamento;
- Dificuldades de concentração;
- Dores de cabeça;
- Dores musculares;
- Falta ou excesso de apetite;
- Insegurança;
- Insônia;
- Negatividade;
- Problemas de pressão alta;
- Sentimentos de derrota.

Como diagnosticar a Síndrome de *Burnout*?

Os sintomas do esgotamento profissional surgem de forma leve. Em um dia, o colaborador sai estressado do trabalho e vai tomar uma cerveja. Depois, isso acaba virando uma constante e, quando ele se dá conta, não consegue mais realizar suas atividades com eficácia.

Uma das dificuldades do diagnóstico é que muitos desses sintomas são corriqueiros, como uma dor de cabeça ou a falta de concentração. Afinal, quem não teve um dia improdutivo no trabalho? Não conseguiu dormir direito? Ou, ainda, comeu algo que não fez bem e teve problema digestivo? É por isso que estar atento aos sintomas é importante.

Em alguns casos, o profissional entrou em um círculo vicioso e não consegue sequer perceber que está passando por um esgotamento e precisa de ajuda. É aqui que a gestão entra de forma estratégica. Saber ouvir, investir em capacitação e programas de promoção da saúde são formas eficazes para garantir **um ambiente de trabalho mais feliz** e saudável.

O tratamento começa depois da primeira visita ao médico. Mas, para chegar nela, é preciso perceber (e aceitar) que algo não vai bem. Pode ser que o problema seja identificado por um clínico geral, que deve orientar o paciente a procurar um psiquiatra e/ou um psicólogo.

A liderança deve incentivar o tratamento

O tratamento da Síndrome de *Burnout* é feito com terapia, mas há casos em que é necessário ingerir remédios controlados, como antidepressivos e ansiolíticos. É preciso lembrar que são medicamentos com vários efeitos colaterais e, portanto, é essencial que a **gestão saiba acolher esse profissional**.

Não são todos os casos em que os médicos afastam o colaborador para tratamento psicológico. Portanto, pense em mudar o processo ou alocar esse talento em uma área com metas menos agressivas. Caso o afastamento seja concedido, não abandone o profissional durante o tratamento. Ou seja, faça ligações ou envie mensagens com frequência para saber como ele tem se sentido.

Os sinais de melhoras começam entre o primeiro e terceiro mês, mas cada corpo é um corpo, cada caso é um caso. Aqui, é importante fazer o exercício de olhar para as qualidades desse colaborador. Não é porque ele está doente que vai ser deixado de lado. Além disso, tente identificar pontos de melhorias na empresa para evitar que mais membros da equipe sofram do mesmo problema.

É difícil colocar toda a culpa na conta da empresa. Isso porque as pessoas têm histórias diferentes, aspirações diferentes, e um ambiente que é considerado saudável para uns pode não ser para outros. Contudo, se aconteceu na sua equipe, com certeza deve haver algo que pode ser feito para melhorar a qualidade de vida no trabalho.

Aliás, você sabe como monitorar esse índice? Normalmente, pesquisas como a da revista *Você S/A*, que elege as melhores empresas para trabalhar no Brasil, leva em consideração questões como: percepção dos colaboradores e práticas de recursos humanos.

Saúde, bem-estar e produtividade

É clichê, porém é necessário ressaltar: uma pessoa com a saúde em dia, feliz e com a vida em equilíbrio é mais produtiva. Dessa forma, as pautas do bem-estar e da qualidade de vida no trabalho devem estar sempre na agenda dos líderes.

Qualidade de vida no trabalho é garantir que a sua equipe tenha equipamentos e ferramentas necessárias para desenvolver as atividades da melhor forma possível, é garantir que os colaboradores não levem trabalho para casa e que não façam horas extras com frequência.

É também investir em capacitação e treinamento para que o time se desenvolva, é oferecer feedbacks, fomentar a troca de conhecimento e garantir benefícios que promovam a saúde do trabalhador: ginástica laboral, ioga, descontos em academias e até happy hours para momentos de descontração, por que não?

COMO ADOTAR HÁBITOS SAUDÁVEIS PARA EVITAR *BURNOUT* NO HOME OFFICE

Em 20 de abril de 2020, atingimos a marca de seis semanas de home office para as empresas que conseguiram oferecer essa modalidade de trabalho para os seus colaboradores durante o período de isolamento social necessário por conta da pandemia do coronavírus (Covid-19). O começo foi de novidade para quem nunca havia experimentado a rotina de trabalhar de casa: montar um espaço de trabalho, buscar dicas de produtividade, encontrar uma forma de não se distrair com a obra do vizinho, as crianças em casa ou a geladeira e a cama, sempre tão à disposição e convidativas.

As reclamações chegaram, afinal era novidade para muita gente. Empresas mais tradicionais, como as escolas, tiveram que rever rapidamente como continuar o ano letivo na modalidade a distância. Correr para gravar aulas, buscar uma ferramenta de videoconferência e um canal oficial de comunicação. Os professores, que há anos encabeçam a lista de profissões mais estressantes, viram-se mais uma vez em uma rotina que os leva ao esgotamento e ao *Burnout*.

Mas o estresse está presente até mesmo nas empresas que já adotavam práticas esporádicas de home office. Cobranças excessivas, falta de alinhamento de expectativas e a necessidade de algumas lideranças de estarem no comando e no controle fizeram com que muitos profissionais chegassem ao final do expediente esgotados. Isso sem contar nas inúmeras ocasiões em que as horas de trabalho ultrapassaram a jornada porque o profissional não conseguiu cumprir com a sua agenda.

Enquanto o home office surgia como novidade, muitos cursos online gratuitos foram liberados, assim como *lives*, aulas de ioga, de dança e treinos funcionais por videoconferência. Nas primeiras semanas, as horas que ganhamos com a prática do trabalho remoto pareciam infinitas e nos convidavam para seguirmos ativos e para reduzirmos várias pendências: ler aquele livro empoeirado, aprender a fazer pão, tirar aquela certificação, aprender um idioma novo.

A lista de possibilidades é infinita. O nosso tempo não. Tempo é prioridade, mas como saber o que é prioritário no meio de uma pandemia? É importante colocar na pauta das empresas que as pessoas reagem de formas diferentes a situações como essa que atravessamos. No entanto, passadas as cinco primeiras semanas, entramos na fase do "novo normal". As rotinas vão se ajustando, os horários de sono, as boas práticas no *home office* e as estratégias mais inovadoras de liderança.

O que não podemos perder nesse período é a capacidade de nos colocarmos no lugar do outro, principalmente daqueles que dão o melhor de si para entregar valor para os clientes das empresas: os talentos internos.

Primeiro a diferença: é estresse ou *Burnout*?

Todos nós, em algum momento, já passamos por situações estressantes: o vestibular, um relatório complexo, uma reunião com o cliente exigente ou outras situações desafiadoras. Nesses momentos, precisamos gerenciar as expectativas e, muitas vezes, perdemos o sono e os nervos ficam à flor da pele. Ter estresse é normal, mas, quando passa do limite, pode se transformar em uma **Síndrome de Burnout**.

Os sintomas vão desde alteração no humor, insegurança e falta de concentração até dores de cabeça e musculares, problemas gastrointestinais e pressão alta. Nas empresas, além de afetar o relacionamento e a execução das atividades, também aumenta as estatísticas de demissões voluntárias.

Burnout sempre esteve vinculada a cargos de extrema pressão e responsabilidade, como policiais, professores, médicos, vendedores e executivos. No entanto, com a chegada do trabalho remoto, muitos profissionais viram-se com os sintomas, já que o problema é causado principalmente por:

- Longas jornadas de trabalho;
- Aumento de responsabilidade;
- Falta de controle nas atividades;
- Expectativa confusa;
- Não manter uma rotina saudável, com exercício físico, alimentação balanceada e sono de qualidade.

Tudo isso sem contar os efeitos do isolamento social, dos noticiários, dos alardes que chegam nos grupos de WhatsApp e até mesmo a incapacidade de colocar um limite no uso dessa plataforma para assuntos profissionais. Afinal, mais do que nunca, a vida profissional e a pessoal estão atreladas.

Um passo a passo para criar um ambiente de trabalho positivo

1. Faça um planejamento para retomar a rotina

Crie um planejamento fácil de colocar em prática, dividindo o dia para que tenha uma jornada de trabalho mais amena. Inclua também atividades físicas, momentos para hobbies, invista em uma alimentação balanceada e regule o sono. Mapeou essas atividades? Lembre-se de colocá-las na agenda!

Crie uma rotina para ter tempo de qualidade para você em sua vida, seja lendo um livro, assistindo a sua série favorita ou não fazendo nada, em silêncio. É tempo de desacelerar!

2. Planeje pausas ao longo do trabalho

Trabalhar oito horas seguidas, parando apenas para almoçar, fará com que você chegue ao final do dia beirando à exaustão. Isso sem contar na falta de concentração ao longo do expediente. Portanto, estabeleça pequenas pausas, de cinco a dez minutos, de hora em hora.

Outra dica é utilizar a técnica Pomodoro, método de gerenciamento do tempo no qual você trabalha 25 minutos com foco intenso e faz pausas de 5 minutos antes dos próximos 25 minutos de atenção. Faça o teste de ficar longe do celular nessas pausas. Aproveite o momento para se alongar, comer uma fruta, pegar um sol na janela ou ler um livro.

3. Comunique-se!

Um sintoma bastante comum de *Burnout* é o isolamento. É preciso contornar esse ponto também porque já estamos isolados socialmente, então faça o exercício de, a cada dia, enviar uma mensagem para um amigo ou familiar diferente. Lembre-se: estar perto não é físico!

4. Cuide da sua saúde

O segredo da vida é o equilíbrio, por mais clichê que essa frase possa parecer. Portanto, não é o momento para dietas restritivas; coma de tudo um pouco, consuma vegetais e frutas frescas, fuja dos processados. Gosta de uma cervejinha ou de sobremesas? Em vez de se sentir culpado por um chope a mais ou por comer um bolo de chocolate, que tal atrelá-los a algo positivo? Estabeleça algumas metas e, quando atingi-las, celebre com um brigadeiro ou com uma cerveja gelada.

Não se esqueça de incluir atividades físicas ao longo da semana. Você não precisa fazer agachamentos ou levantar quilos de arroz na sala de casa. Pense em algo que funcione para você: dance uma música que traz uma boa lembrança, faça ioga ou pule corda. Com certeza, algo deve funcionar. Está sem tempo? Desligue a televisão!

5. Compartilhe o planejamento com um amigo

Dividir com um amigo ou familiar é importante para acompanhar o progresso. Somos muito exigentes conosco, não é mesmo? Muitas vezes nem conseguimos visualizar as pequenas vitórias, imagine comemorá-las! Portanto, compartilhe o problema, o planejamento e faça reuniões semanais para identificar (e comemorar) os avanços. Ah, e se você gostar de escrever, experimente fazer um diário!

Espero que as dicas sejam úteis e possam contribuir para ambientes de trabalho mais felizes e saudáveis até mesmo em tempos de isolamento social e home office.

ACCOUNTABILITY: O QUE É E COMO COLOCÁ-LA EM PRÁTICA NA SUA EMPRESA

Accountability é uma palavra que vem sendo muito comentada, seja em palestras, workshops e fóruns de avaliação de desempenho. As interpretações sobre o tema são tantas que, em 2019, quase mil pessoas fizeram a seguinte pergunta ao Google: "O que é *accountability*?" Segundo o dicionário Oxford, o termo refere-se a uma responsabilidade da qual se deve prestar contas, e é justamente por isso que as principais respostas do Google estão ligadas a processos judiciais ou a números da Administração Pública.

Quando falamos em *accountability* nas empresas não estamos preocupados em gestão financeira ou em prestações de contas no sentido mais literal da palavra. Na verdade, queremos trazer para o centro do debate o engajamento e a responsabilidade dos colaboradores. E é exatamente por isso que reduzir a palavra a sua tradução literal só corrobora com interpretações vagas sobre o tema.

Accountability, portanto, não é uma confissão ou prestação de contas de algum resultado que não saiu como o esperado. É sobre cumprir com um compromisso e assumir um **comportamento estratégico** dentro da organização. Isso significa ir além da execução de um conjunto de tarefas e compromissos de agenda.

Há quem acredite ainda que *accountability* é o famoso espírito de dono, mas a grande verdade é que a responsabilidade é exigida em todos os níveis hierárquicos das empresas. Isso porque as **organizações** são organismos vivos e suas engrenagens são colocadas para funcionar pelas pessoas. Cada um tem uma função (e responsabilidade) que impacta, direta ou indiretamente, no trabalho do outro.

É como as engrenagens de um relógio. Elas, juntas, têm a função de transmitir o movimento, inverter o sentido desse movimento ou reduzir a velocidade do movimento. Para que um ponteiro se mova, a roda central impulsiona a terceira roda, que gira mais rápido e tem como objetivo aumentar a velocidade do movimento entre a roda central e a quarta roda. É essa última que se conecta com o ponteiro do segundo e faz a mágica acontecer. Caso alguma engrenagem ou eixo apresentem algum problema, o relógio atrasa, adianta ou, pior, para de funcionar.

E o que queremos dizer com isso? A responsabilidade não é apenas dos gestores. Afinal, existem várias atividades que são executadas por diferentes equipes e que afetam diretamente o resultado das empresas. E aqui levantamos uma bandeira vermelha. Sabemos que há líderes que querem melhorar o engajamento e os resultados no grito, na pressão. Você já deve ter visto isso acontecer mais de uma vez.

Contudo, agir de forma passivo-agressiva ou culpar alguém pelo fracasso de algum projeto só vai desmotivar ainda mais a equipe e causar um efeito contrário da *accountability*. Em casos extremos, pode até levar a um desligamento desnecessário de um colaborador. Mas é possível reverter esse quadro.

Formas de aumentar o senso de responsabilidade da sua equipe:

1. Alinhamento de expectativas

Talvez esse seja um dos passos mais importantes para desenvolver a *accountability* no colaborador: deixar bem claro o que é esperado dele. Isso significa falar sobre resultados, metas e desenvolvimento desse profissional, mas também ser transparente no que se refere à medição desse desempenho.

Além disso, é importante ressaltar que não é um monólogo. É preciso dar espaço para que o profissional fale também. Afinal, pode ser que a entrega exigida dele não esteja de acordo com os desafios profissionais que ele pretende abraçar. Em resumo, é preciso alinhar as expectativas para que todos os envolvidos no processo estejam de acordo.

2. Habilidades

Cabe ressaltar que não se trata apenas de hard skills* ou soft skills**. É importante deixar claras quais são as habilidades necessárias para executar as atividades e a entrega de resultado que é esperada do colaborador. Caso ele não conte com uma *hard skill* específica, qual o plano de ação para que ela seja adquirida?

---

* ***Hard skills***: É todo o aprendizado que um profissional adquiriu ao longo da vida e que pode ser demonstrado por aspectos físicos ou tangíveis, como diplomas, certificados de qualificação, testes práticos, cursos, entre outros.

** ***Soft skills***: São habilidades pessoais e intangíveis que um profissional possui e que não podem ser identificadas nem comprovadas por meio de certificações ou cursos, mas, sim, pela convivência diária, por um bate-papo durante a entrevista ou pelas dinâmicas em grupo realizadas nos processos seletivos.

Fala-se muito em contratar por *soft skills* e treinar as *hard skills*. Se esse for o caso da sua empresa, esteja disposto a colocar programas de treinamento para todos os colaboradores que precisam desenvolver alguma atividade específica.

3. Medição de desempenho clara

Já falei sobre isso no primeiro tópico, mas é importante reforçar: o colaborador precisa saber como, quando e o que será cobrado dele. Isso pode ser acordado na própria reunião de expectativa. Ou, se a organização conta com ferramentas de OKRs (*Objectives and Key Results*), ser explicado de forma transparente como a metodologia funciona, destacando, principalmente, as vantagens dela para o desenvolvimento profissional do colaborador.

Caso o desenvolvimento de alguma atividade-chave não esteja saindo como o esperado, não se esqueça de criar um plano de ação para que esse gargalo seja corrigido.

4. Feedbacks

Os líderes já estão cientes dos vários benefícios de uma cultura de feedback: aumenta a colaboração, melhora a comunicação, estimula o progresso e impacta diretamente na motivação do colaborador. Não há o que discutir, mas conciliar um feedback claro com os itens anteriores gera ainda mais resultados para a empresa. Afinal, se você alinhou as expectativas, as habilidades necessárias e a forma como o desempenho do colaborador será medido, fica muito mais simples coletar fatos para oferecer o feedback para a sua equipe.

Alguns pontos devem ser analisados:

- O colaborador está cumprindo com os seus compromissos?
- Está conseguindo trabalhar com a equipe?
- Ele precisa desenvolver alguma nova habilidade?

Consequências claras

Se você exerceu a transparência em todos os itens anteriores, tenha certeza de que deve investir na *accountability* da sua equipe. No entanto, qual será a sua ação caso o colaborador não tenha desenvolvido a responsabilidade e esteja entregando menos do que era esperado dele?

Nesse caso, você tem três opções: repetir o processo, recompensar com uma promoção ou outro tipo de reconhecimento e, caso esteja realmente certo de que cumpriu com todas as opções anteriores, você pode pensar em mudar o colaborador de função ou convidá-lo para um novo alinhamento de expectativas.

BUSINESS MODEL YOU – UM MÉTODO PARA REINVENTAR A CARREIRA E A SI MESMO

Para início de conversa, o que é *Business Model* ou Modelo de Negócio? O termo "modelo de negócio" é muito recente, apesar de sempre ter existido. Ele passou a ser adotado como uma alternativa de abordagem de negócios por volta da década de 1990, quando as chamadas empresas *pontocom* emergiram em decorrência da expansão da internet. Esse novo ambiente demandou novas formas de organização de empresas e negócios, pois os processos pautados pela era industrial não atendiam às necessidades das empresas da era digital.

Em paralelo a esse movimento, a comunidade acadêmica iniciou os estudos na área, e, a partir de então, foi produzida uma infinidade de artigos, dissertações e teses, em todo o mundo, sobre modelos de negócios. Entretanto, um dentre tantos trabalhos publicados recebeu destaque especial: o do pesquisador suíço Alex Osterwalder. Ao defender sua tese de doutorado sobre o tema e publicá-la na web, logo recebeu um convite para produzir um livro.

Ele aceitou o desafio e, para tanto, criou uma comunidade, abrindo espaço para colaboração, e 470 praticantes de modelos de negócios de 45 países elaboraram, coletivamente, o livro *Business Model Generation*[9], lançado no Brasil em 2011 pela editora Alta Books. Dentre outros tópicos, a publicação apresenta o **Business Model Canvas** (Quadro de Modelo de Negócio), que se tornou mundialmente famoso.

O Canvas do Modelo de Negócio apresenta, em uma única página, nove áreas organizacionais que compõem qualquer tipo de negócio. Para o autor, a metodologia descreve a lógica de como uma organização cria, captura e entrega valor. Os componentes do quadro de modelo de negócios ampliam a compreensão da necessidade de conjugar a intuição, a criatividade e o rigor analítico no processo de inovação nas organizações.

Inspirado no *Business Model Generation*, Tim Clark, autor de diversas publicações, *coach* de grandes empresas e professor doutor em Tóquio, decidiu replicar a receita e lançou uma comunidade com o objetivo de adaptar o conteúdo do livro para um processo de *coaching* e redefinição de carreira. Surgiu, assim, em 2012, o livro *Business Model You: o Modelo de Negócios Pessoal*[10]. Em parceria com os principais autores do *Business Model Generation*, Alexander Osterwalder e Yves Pigneur, a iniciativa reuniu 328 profissionais em 43 países.

Eu tive a oportunidade de participar da elaboração coletiva do livro, fazer a revisão da tradução para o português, além de escrever o prefácio da publicação, ocasião na qual descrevi que **Business Model You** é um chamado para que as pessoas desenvolvam uma nova percepção para o entendimento da vida em rede e entendam como cada uma pode contribuir com o todo. Não se trata de receitas ou fórmulas de autoajuda, mas de uma descoberta de processo de autorreflexão, com resultados que vão além da imaginação.

A inovação é imprevisível. E novos agrupamentos podem resultar em novas descobertas. Por exemplo, o hidrogênio é inflamável. O oxigênio é respirável. Quando juntamos H e O, temos a água, que é bebível, e ser bebível é considerado uma propriedade nova, inesperada, inexplicável a partir de um elemento inflamável ou respirável. Quando juntamos diferentes olhares, um novo olhar surgirá, inesperado e inexplicável. Assim é a vida. Nesse processo do inexplicável e do inovador, abre-se a possibilidade de encontrar outras fórmulas para a vida profissional. Ao cruzarmos especialidades e conhecimentos, descobrimos novos significados de uma forma simples e direta, divertida e inteligente.

Um modelo de negócio, em síntese, aborda como uma organização é sustentável financeiramente. Isso não difere na construção de uma nova vida profissional. Trocamos nosso trabalho e dedicação por uma remuneração que nos sustenta e nos proporciona o atendimento das nossas necessidades básicas e a plena realização. *Business Model You* é uma ferramenta que ajuda nessa reflexão, proporcionando um autoconhecimento que auxilia as pessoas a repensarem sua vida profissional e até a efetuarem, com segurança, uma mudança de carreira.

Podemos exercer diferentes papéis: somos pais e mães, somos filhos, somos profissionais de determinada área; podemos atuar em alguma organização de amparo aos animais ou a crianças em condição de risco. Identificados todos os papéis que desempenhamos no dia a dia, devemos destacar os mais relevantes e cujos resultados atendam às nossas expectativas. Para cada um deles, devemos elaborar um Canvas BMYou.

MODELO DE NEGÓCIO PESSOAL

NOME:

QUEM AJUDA VOCÊ? (Parcerias-chave)	O QUE VOCÊ FAZ? (Atividades-chave)	COMO VOCÊ OS AJUDA? (Valor proposto)	COMO VOCÊS INTERAGEM? (Relacionamento com clientes)	QUEM VOCÊ AJUDA? (Clientes)
	QUEM VOCÊ É E O QUE VOCÊ TEM? (Recursos-chave)		COMO ELES CHEGAM ATÉ VOCÊ E COMO VOCÊ ENTREGA? (Canais)	

O QUE VOCÊ OFERECE? (Custos)	O QUE VOCÊ GANHA? (Receitas e benefícios)

Autores: Clark, Tim; Osterwalder, Alex; Pigneur, Yves - Business Model You
traduzido por www.mariaaugusta.com.br

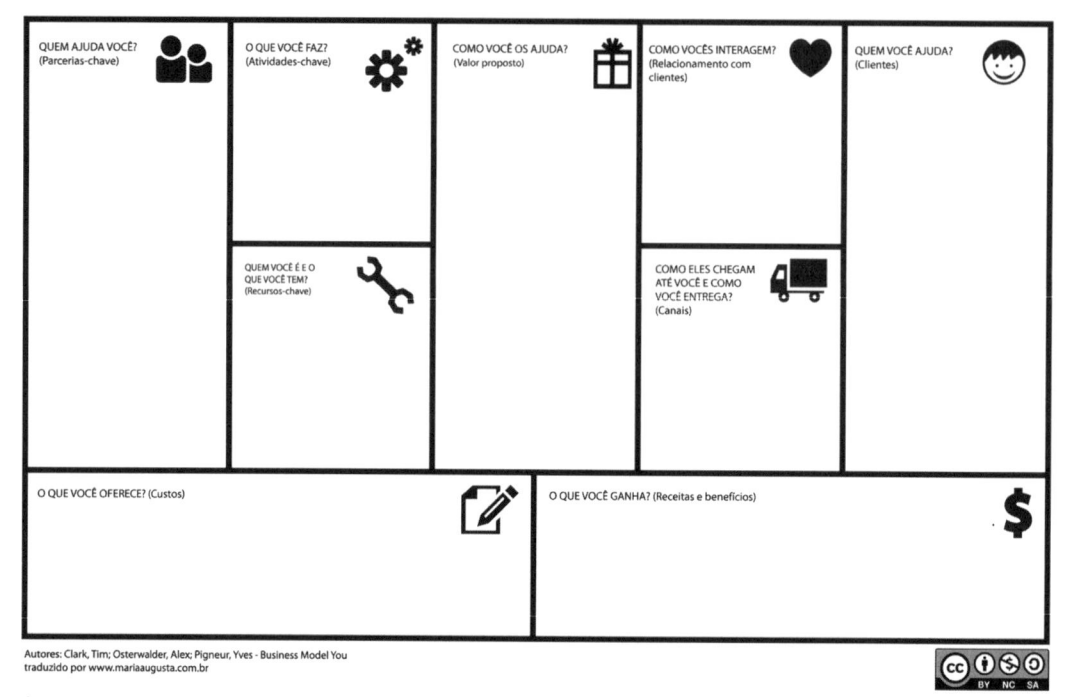

Figura 1: Traduzida pela autora de Clark, Tim; Osterwalder, Alex; Pigneur, Yves, Business Model You, 2013

São **nove os blocos** que representam as áreas da vida profissional:

1. Clientes

Quem são as pessoas que você ajuda?

2. Proposta de valor

Como você ajuda os seus clientes?

3. Canais

Como seus clientes sabem que você existe e como você entrega o seu serviço a eles?

4. Relacionamento com o cliente

Como ocorre o relacionamento com o seu segmento de clientes?

5. Fonte de Renda

O que você ganha com o serviço que entrega?

6. Recursos-chave

Suas habilidades e competências.

7. Atividades-chave

O que tem de ser feito?

8. Parcerias-chave

Quem ajuda você?

9. Custos

O que você oferece?

Construa o seu Canvas pessoal e deixe-o afixado em um local de fácil acesso para que seja revisado semanalmente. Gere empatia com o processo e amplie as suas possibilidades.

Percebemos alguns sentimentos predominarem entre muitos profissionais que necessitam de um apoio em sua carreira ou negócios: medo, dúvida ou descrença ocorrem eventualmente. E o que precisamos é despertar a confiança. Quando o padrão de comportamento vigente é o medo, a energia resultante é de competição, e o relacionamento interpessoal é superficial. Consequentemente, a evolução das pessoas acontece de forma isolada. Por outro lado, se o padrão de comportamento for de confiança, a energia reinante será de colaboração, resultando na coevolução entre as pessoas.

Vivemos em um novo contexto organizacional, e mudanças vêm ocorrendo na forma como as empresas contratam pessoas, ampliando as possibilidades de uma contratação temporária ou por um serviço específico. Ter as habilidades e competências avaliadas por meio do *Business Model You* aumentam as chances de você tornar-se empresário de si próprio, cultivando uma carreira promissora e valorosa.

MUDAR DE PROFISSÃO: É PRECISO SE REINVENTAR DEPOIS DOS 40 ANOS

Você já pensou em mudar de profissão aos 40 anos? Em um primeiro momento, parece exaustivo, mas quem conseguiu virar a chave costuma dizer que é libertador. Até porque a tecnologia, a medicina e os hábitos mudaram tanto que já faz tempo que os estereótipos de idade estão ultrapassados, não é mesmo?

Priscila Simoni é uma dessas profissionais que decidiu se reinventar aos 40 anos e começou a estudar programação de sistemas. Mas a mudança de carreira já começou bem antes disso. Formou-se, primeiro, em química e, como era de se esperar, foi trabalhar em um laboratório. Não se acostumou com o cheiro de solventes e outros reagentes. Mudou para a enfermagem, trabalhou em hospitais e chegou à direção. Era correria demais para quem queria qualidade de vida e mais tempo com a família.

Largou tudo e virou nômade digital. Passou por onze países e decidiu fixar residência quando a filha mais nova entrou em idade escolar. Optou por Florianópolis pela qualidade de vida. Mas, há cinco anos trabalhando como *freelancer*, escolheu voltar ao mercado formal de trabalho.

Para ela, mudar de profissão aos 40 anos tem sido desafiador e motivador ao mesmo tempo. "Sair da zona de conforto traz uma satisfação interior e, ao mesmo tempo, um turbilhão de desafios. Precisamos ser reconhecidos pela nossa habilidade e não pela nossa idade. Além disso, temos de nos destacar em nossa nova área de atuação para nos destacarmos no mundo dos jovens", afirma.

Você se identificou com a história da Priscila? Também está pensando em fazer esse movimento de mudar de carreira e não sabe por onde começar? Recomendo a leitura do artigo "Futuro do trabalho: tem espaço para todas as profissões no **futuro**?".

O índice de infelicidade no trabalho está alto no Brasil. Uma **pesquisa**[11] realizada em 2018, em 21 estados, apontou que cerca de 90% dos brasileiros estão insatisfeitos com seus empregos. Desse total, 36,52% não estão felizes com as atividades que desenvolvem no trabalho atual e 64,24% gostariam de mudar de carreira, assumir novas responsabilidades e se dedicar a atividades totalmente diferentes para se sentirem mais felizes.

Entre os fatores apontados por esse alto índice de infelicidade no trabalho estão:

- Definição da profissão muito cedo;
- Trabalho desenvolvido sem propósito, apenas para ganhar dinheiro;
- Rotina estressante;
- Falta de tempo com a família;
- Poucas horas de sono;
- Má alimentação;
- Sedentarismo.

Toda essa insatisfação tem gerado muitos problemas de saúde nos brasileiros: ansiedade, Síndrome de *Burnout* e depressão são algumas delas. Tanto que a Organização Mundial da Saúde fez um alerta sobre o alto índice de depressão em brasileiros: 5,8% da população sofre desse problema, colocando o país no topo da lista de casos na América Latina.

O **Anuário do Sistema Público de Emprego, Trabalho e Renda**[12] do Departamento Intersindical de Estatística e Estudos Socioeconômicos (Dieese), de 2016, mostrou um salto de 146 mil para 181 mil casos de afastamento por doenças profissionais de trabalho entre os anos de 2005 e 2015. A faixa etária que mais deixou o seu cargo para se recuperar de algum problema de saúde foi a que compreende dos 30 aos 39 anos (53,82%), seguida das pessoas com idade entre 40 e 49 anos (48,32%) e mais de 50 anos (48,71%). Muito embora nem todos os afastamentos estejam relacionados a problemas psicológicos, as estatísticas ligam um alerta: é preciso se reinventar!

Mudar de profissão não é fácil. Como Priscila alertou no início do texto, é um misto de desafio e motivação. Esse movimento rumo a uma carreira com mais propósito, que promova mais qualidade de vida e tempo de qualidade com a família também tem aumentado.

Em 2016, a **Catho** realizou **uma pesquisa**[13] com os profissionais que buscavam por recolocação e descobriu que 18% desses profissionais gostariam de oportunidades fora de sua área de formação. A reportagem "**Aumenta número de trabalhadores que muda de profissão aos 40 anos**[14]", publicada pelo jornal *Folha de S.Paulo* em 2016, traz uma série de histórias de pessoas que resolveram dar uma guinada na carreira depois dos 40 anos.

Os profissionais entrevistados apontaram questões como:

- Dificuldade na área de atuação;
- Mudar de profissão depois de fazer a mesma coisa por anos seguidos;
- Voltar para a faculdade e começar um novo curso.

Um dado motivador da reportagem da *Folha de S.Paulo* é que as empresas começaram a ver vantagens em trazer para o time profissionais mais experientes, como tolerância, experiência e maturidade para lidar com algumas situações no ambiente de trabalho.

Falta muito para me aposentar e quero mudar de profissão: e agora? A medicina tem evoluído e a forma de trabalhar alterou-se substancialmente nas últimas décadas. Somos pessoas ativas, hábeis e dispostas a continuar contribuindo para a sociedade. Passamos boa parte da vida trabalhando para garantir uma independência financeira, adquirir bens e realizar projetos. Quem teve a oportunidade de integrar o time de uma empresa, ter a sua contribuição previdenciária em dia e conseguiu amealhar uma poupança, poderá, depois de cumprido o tempo necessário, parar e desfrutar de novos momentos. Mas, e quem não conseguiu isso?

E, quando mais precisa, vê seus rendimentos serem reduzidos, seu tempo ficar ocioso, não tem mais um grupo de pessoas para trocar ideias diariamente ou mesmo nunca saber como é ser o gestor do seu tempo? O que muitos não imaginam é que, nesse momento da vida, passarão a enfrentar problemas por não saberem qual caminho seguir. Essa angústia também pode surgir no momento de uma demissão inesperada. Tais situações não são motivo para desespero, pois, com calma e algum direcionamento, é possível resolver os contratempos e descobrir novas possibilidades.

Fomos educados e moldados na forma do trabalho com base na Revolução Industrial, quando era preciso um espaço físico, a rigidez de um horário e um salário recebido pelos serviços prestados. Para muitas pessoas, não ter esse "endereço comercial" é perder parte da sua identidade. Por longo tempo somos reconhecidos como o "Fulano da empresa tal" ou o "Beltrano da empresa Y". Quando perdemos essa identidade, que nos acompanhou por vários anos, ficamos desnorteados e não sabemos como agir, porque não fomos educados para isso.

Com a prática de esportes, a evolução da medicina, as novas formas de se viver e de se conectar, é fato que viveremos muito mais tempo do que os nossos avós e bisavós. Não somos mais "velhinhos" quando atingimos 60 ou 70 anos. Temos inteligência emocional suficiente para seguir uma nova carreira ou um novo estilo de vida.

Se você quer mudar de carreira, foi demitido de forma inesperada ou pretende empreender depois dos 40 anos, o primeiro passo é se reconectar com a sua essência, tirar um tempo para si, cuidar da sua saúde e até mesmo desenvolver um novo hobby.

Feito isso, é hora de arregaçar as mangas e voltar para o **mercado de trabalho**. Para tanto, as dicas são as seguintes:

- Invista em autoconhecimento;
- Enxergue novas possibilidades;
- Volte a estudar. Atualize-se;
- Seja mais flexível e adaptável; e
- Faça um plano de carreira.

Abre-se uma gama de oportunidades para as quais, normalmente, não se tem tempo para parar, avaliar e conhecer. Existe uma excelente oportunidade de continuar trabalhando por meio da reinserção no mercado de trabalho abrindo um negócio próprio ou, até mesmo, trabalhando como autônomo em áreas antes nunca imaginadas. A consultoria especializada também é uma opção, com a vantagem de essas atividades serem remuneradas, permitindo uma renda adicional ao seu orçamento pessoal.

Para quem não precisa de uma renda extra, existe a opção de atividades sociais que tragam uma realização, como dança, viagens, artesanato, esportes, trabalhos sociais. Participar desse tipo de atividades amplia a rede de contatos e gera novas amizades, eliminando o sentimento de vazio e de falta do que fazer.

EMPREENDER 2

"Um dia, é preciso parar de sonhar, tirar os planos da gaveta e, de algum modo, começar."

Amyr Klink

PROCURA-SE DESIGNER DE NEGÓCIOS (E EXPERIMENTOS)!

Inovar o modelo de negócio inicia com um profundo entendimento do comportamento humano, das motivações e das experiências em um sistema. Com foco centrado no ser humano, é possível ganhar perspectivas completamente novas e avaliar formas inovadoras de endereçar suas necessidades e suas tarefas. **Inovar no modelo** muitas vezes é recombinar capacidades existentes, que normalmente não andam bem juntas, em novos formatos, como, por exemplo, simplificar determinado produto ou serviço, eliminando restrições relacionadas às riquezas e ao acesso, facilitando sua aquisição para uma fatia maior do mercado, vendendo-o a um novo segmento de clientes, tornando o modelo ainda mais rentável. O designer de negócios é, portanto, o profissional que consegue olhar para esse cenário.

Podemos dizer, então, que novos modelos de negócios mudam a forma como os clientes experienciam as coisas.

Será que somente com os clientes? Pois, para que os clientes percebam valor, é necessário que as organizações estimulem e estejam preparadas para criá-lo. E o processo para criar **modelos de negócios** é algo linear? Damos o primeiro passo com a certeza total de qual será o segundo, o terceiro?

Acreditamos, por experiência própria e observando nossos clientes, que não. Não teremos todas as certezas, teremos muitas hipóteses, portanto, inovar no modelo de negócio requer um processo de design.

Por que designer de negócios?

Por que utilizar o termo design? Pois as pessoas que trabalham nessa atividade foram treinadas a pensar de forma generativa, experimental e iterativa. Se eles têm de desenvolver, por exemplo, um novo ambiente, a primeira etapa é entender o contexto de uso, gerar ideias, depois criar protótipos — em pequena escala — do que aquela hipótese representa e **receber feedback**, iniciando uma nova etapa com os aprendizados colhidos na etapa anterior. Podemos dizer que inovar no modelo de negócio requer que pensemos como um designer, que tenhamos em nossas mentes a vontade de tentar, de provar que nossas hipóteses podem se transformar em fatos, evoluindo de forma constante.

Dentro do contexto dessa cultura de constante experimentação, o papel do designer de negócios se torna extremamente importante nas organizações e na sociedade como um todo, contemplando algumas características:

- Liderar e contribuir para a captação de insights por meio de observações em pesquisas etnográficas;
- Desenvolver modelos de negócios testáveis e constantes protótipos;
- Liderar e contribuir para experimentos reais de novos modelos de negócios;
- Criar e implementar métricas para acompanhar os resultados e impactos de experimentos de modelos de negócios;
- Capturar o aprendizado dos experimentos para compartilhamento;
- Criar histórias que ajudem as pessoas da organização a entenderem e se conectarem com o contexto da inovação do modelo.

O profissional dessa área deve também:

- Ser apaixonado por colocar as experiências do cliente no centro dos esforços do design;
- Ter experiência em diferentes domínios;
- Estar interessado em explorar novos conceitos para novos modelos de negócios;
- Ter uma mente empreendedora e trabalhar com problemas ambíguos e em um ambiente dinâmico;
- Trabalhar colaborativamente.

É mais importante experimentar, tentar novas coisas, aprender o que funciona, aplicá-las e medir o impacto. O economista e jornalista Inglês Tim Harford fez estudos publicados em livros a respeito de sistemas complexos. No vídeo "**Tentativa, erro e o complexo de Deus**", disponibilizado na plataforma TED, ele diz haver um vínculo surpreendente entre os sistemas bem-sucedidos. Harford afirma que tais sistemas são construídos por meio de tentativa e erro, por variação e seleção.

Lições aprendidas a partir do que Tim Harford apresenta nesse vídeo:

- Experimentação (ou tentativa e erro) é atacar os problemas com a mente aberta e assumir que não sabemos de antemão todas as respostas;
- Capturar e reusar os resultados de cada experimento;
- Estar confortável com o "não sei", o "não conheço", mas ter o empenho em descobrir.

E, se dentro do processo de experimentação de um novo modelo nos depararmos com um resultado muito diferente daquele da visão inicial, se hipóteses não se transformarem em fatos, aceitaremos nossos erros, nosso fracasso? Será que fomos treinados a pensar dessa forma? Por isso, quando se fala em inovação, tem-se utilizado o jargão "*fail fast, fail often*" (falhe rápido e sempre), mas prefiro dizer assim, como cita o autor Eric Ries, principal responsável pelo movimento de **Lean StartUp**: "não importa o nome que vamos dar, temos que criar um processo sistemático e contínuo de testes de hipóteses e aprendizados." (Entendemos os problemas dos clientes?; quais produtos vão resolvê-los?; quais os parceiros que nos ajudarão tendo os recursos necessários?, entre outras questões) Melhor dizermos então: "teste rápido, aprenda sempre."

Temos de estar prontos para assumir riscos, admitir falhas e focar o aprendizado. E a parte mais importante, saber o quanto as organizações estão preparadas para esta (se podemos chamar assim) nova cultura.

O papel do designer de negócios, inovador, é saber o que testar, quais hipóteses primeiro, como medir os resultados, como gastar poucos recursos e aprender muito e descobrir quais os próximos passos para alcançar a visão inicial e iterar (também denominado "pivotar"), sem crise!

E é preciso que as organizações estejam preparadas para estimular esse novo papel! Pois, como Leon C. Megginson, sociólogo em gestão da Louisiana State University, parafraseou de Charles Darwin: "Não é o mais forte da espécie que sobrevive nem o mais inteligente, mas, sim, o mais adaptável à mudança."

ESTRATÉGIA EMPRESARIAL: DE PETER DRUCKER À ESCOLA EMPREENDEDORA, O QUE MUDOU?

Quando Peter Drucker, conhecido como Pai da Administração Moderna, escreveu frases como "a administração é um processo operacional composto por funções como planejamento, organização, direção e controle", ele não imaginava que décadas depois não apenas a estrutura organizacional mudaria como também o empreendedorismo seria ensinado e vivenciado no ensino básico, criando programas como a "escola empreendedora".

Um termo que evoluiu bastante ao longo das últimas décadas foi a palavra estratégia. O verbete tem sido utilizado para descrever tudo o que é importante dentro de uma empresa, de forma que é descrita de uma maneira e utilizada de outra. O autor e professor universitário canadense Henry Mintzberg, PhD em Administração, afirma, no livro *Safári da Estratégia*[15], que "estratégia é um padrão, um comportamento coerente ao longo do tempo, que vai além da definição de visão, competências e capacidades".

Para ele, formular estratégias nas organizações tem quatro grandes vantagens:

1. **Estratégia direcionadora**

    Identifica o rumo da organização para que mantenha uma linha coesa.

2. Reunir esforços

Conduz as atividades da equipe em uma única direção.

3. Estabelecer a organização

Faz com que os colaboradores entendam os pilares da empresa e consigam diferenciá-la das outras.

4. Estimular a correlação

O objetivo da estratégia, aqui, é simplificar a forma como a empresa está inserida no mercado em que atua e definir um modo para que possa se movimentar.

É claro que cada **tipo de estratégia** também traz desvantagens e vários pontos de atenção. E como essa formulação não é algo simples, Mintzberg concluiu que os especialistas sobre o tema só conseguem enxergar uma parte da complexidade do assunto. Assim, surgiram as dez escolas de formulação estratégica.

As dez escolas de formulação estratégica de Mintzberg

As escolas são organizadas em três grupos de naturezas distintas: prescritiva, descritiva e integrativa. As primeiras focam a forma como as estratégias devem ser reformuladas e não em como surgem ou se formam. Nas escolas de natureza prescritiva, o destaque vai para o planejamento formal. São elas:

- Escola do Design: cujo processo de formulação é a concepção.
- Escola de Planejamento: cujo processo de formulação é formal.
- Escola de Posicionamento: cujo processo de formulação é analítico.

Já as escolas de natureza descritiva estão focadas em explicar como as estratégias são de fato formuladas e como os líderes e outros stakeholders da empresa se envolvem nesse processo. São elas:

- Escola Empreendedora: cujo processo de formulação é visionário.
- Escola Cognitiva: cujo processo de formulação é mental.
- Escola de Aprendizado: cujo processo de formulação é emergente.
- Escola de Poder: cujo processo de formulação é de negociação.
- Escola Cultural: cujo processo de formulação é coletivo.
- Escola Ambiental: cujo processo de formulação é reativo.

Por fim, a Escola de Configuração é de natureza integrativa e seu processo de formulação é o transformador.

Neste texto, vou focar as estratégias de duas escolas: a Escola Empreendedora e a Escola de Aprendizado.

Escola Empreendedora

Na Escola Empreendedora, o desenho da estratégia é todo conduzido por um líder, que pode ser o principal executivo da organização. Cabe a esse profissional a responsabilidade de não apenas guiar sua equipe, mas também incluir novos elementos para os processos por meio da sua intuição, julgamento, sabedoria e experiência.

Como o pensamento central da escola empreendedora é a **visão do líder**, Mintzberg sugeriu que essa estratégia é flexível e alinhada aos valores dessa liderança. É claro que concentrar toda a gestão do conhecimento de uma empresa em uma única pessoa pode trazer riscos à organização. No entanto, é preciso ressaltar que a Escola Empreendedora funciona muito bem para empresas pequenas e que contam com uma estrutura simples.

É preciso ter muito claro que, à medida que a **organização cresce**, a visão desse líder deve perder relevância, tanto nas atividades diárias quanto no planejamento estratégico. Tudo isso sem contar que ele pode inspirar colaboradores a reforçar a cultura da empresa.

O ponto de atenção na escola empreendedora é que centralizar a estratégia em um único executivo pode fazer com que ele perca o foco em algumas decisões importantes. Mas o pesquisador também apontou uma solução prática para quando a empresa liderada dessa forma começar a perder o prumo: basta trocar de líder.

Além disso, é de fundamental importância que uma empresa com uma formação como a da Escola Empreendedora tenha em mente que o crescimento é o seu principal objetivo. Assim, a visão do líder sai de cena aos poucos.

Escola de Aprendizado

A Escola de Aprendizado é de natureza questionadora, trazendo perguntas do tipo: Quem criou a estratégia de fato? Em qual área da organização essa estratégia foi formulada? O criador estava ciente do alcance do seu trabalho? É realmente importante separar o planejamento da execução?

São muitas perguntas que exigem respostas complexas. Tudo isso porque a Escola de Aprendizado veio para colocar o indivíduo no centro da ação. **Estratégias são pensadas** por pessoas sozinhas ou em grupo e, na maioria dos casos, esse desenho foi criado a partir do aprendizado desses indivíduos no cotidiano da empresa. Ou seja, qualquer time dentro da organização é capaz de contribuir para a formulação estratégica. É claro que os executivos também estão inseridos nesse grupo.

Mintzberg alertou para o fato de que essa escola defende o fracasso. Não que a empresa não queira crescer. O ponto central é que, uma vez que estratégias são pensadas por pessoas, os indivíduos podem falhar. Portanto, a formulação estratégica não pode separar a ideia de sucesso ou de fracasso, e vice-versa.

Outro ponto que merece destaque na Escola de Aprendizado é que os líderes atuam como gestores do conhecimento adquirido nesses processos. Em outras palavras, cabe a eles identificar esses pontos de melhorias e estimular os colaboradores para que possam contribuir ativamente para a formulação estratégica da organização.

Por outro lado, a principal crítica a essa escola é que as empresas podem até obter sucesso baseadas apenas em estratégias que nasceram do aprendizado diário da equipe. Mas esse movimento é limitado e, para crescer de forma sustentável, precisa-se traçar uma estratégia mais clara e articulada.

O CARRO AZUL, A KODAK E MODELOS DE NEGÓCIOS

Pense em um carro azul de determinada marca que, a partir desse momento, na sua frente sempre aparecerão carros da cor azul da marca selecionada. Decida-se por fazer uma viagem para determinado local que todas as mídias estarão falando desse lugar específico. Quantas vezes nos deparamos com essa situação: não conhecemos um assunto e alguém evidencia tal tema no nosso meio ou entorno e, de repente, todos parecem falar disso. Assim foi para mim com o termo "modelos de negócios".

Nunca tinha ouvido falar ou lido algo a respeito. Em meados de 2010, por conta de um tema que procurava para elaborar minha dissertação de mestrado[16], sugeriram-me estudar sobre modelos de negócios:

— Modelos de quê? Não seria planos de negócios? — respondi.

— Não, são modelos de negócios mesmo.

Eu não sabia do que se tratava, mas entrei de cabeça nas pesquisas e estudos sobre o assunto. O meu empenho foi tanto que, em apenas um mês, já tinha o mapa do processo e os principais artigos de pesquisadores de destaque nessa área. Passei a usar as redes sociais para encontrar o que procurava e, a cada dia, agregava mais uma pessoa, mais um artigo, mais um pesquisador. Fantásticas descobertas culminaram na publicação de uma dissertação, originaram vários artigos, workshops ministrados e muita conversa sobre o tema. Hoje, posso dizer que os modelos de negócios não apenas fazem parte da minha rotina, como também oriento gestores e empresas a inovarem seus produtos, serviços e processos.

Mas de quais modelos de negócios estamos falando?

Os anos 1990 foram marcados pelo surgimento de um novo espaço conceitual decorrente da pulverização e acessibilidade à internet. Todo esse avanço tecnológico resultou em significativas transformações na sociedade: comunicação, relacionamentos, comportamento de compra e, claro, na forma de realizar negócios. Esse novo espaço conceitual trouxe a exigência de mudanças na forma de organizar os negócios, pois os critérios adotados na era industrial já não podiam ser considerados na nova era do conhecimento.

Era preciso modernizar os negócios para que as empresas continuassem competitivas conforme as ferramentas tecnológicas transformavam cada dia mais os hábitos de consumo. Dessa forma, várias empresas começaram a fazer transações com base em um ambiente virtual. Foi exatamente nesse período que o termo "modelo de negócio" entrou para agenda das empresas, afinal, era um ambiente novo e com processos diferentes daqueles que o mercado já estava acostumado.

É claro que, com o passar do tempo, muitos negócios surgiram no meio digital. As pessoas começaram a vender produtos e serviços por meio de sites, redes sociais, e-mail, entre outros. Mas o que ficou muito claro é que qualquer negócio tem um tipo específico de modelo. Alguns formam padrões, outros abrem mercados e se posicionam como inovadores. No entanto, não há o que se discutir: para toda empresa, existe um modelo de negócios.

É o caso da **Xerox**, que criou um modelo de negócio ao iniciar a comercialização de máquinas copiadoras, cedendo os equipamentos e ganhando na venda dos toners e papéis especiais. Ou da **Nespresso**, que desenvolveu um mercado doméstico para o café expresso e, por meio da patente de um sachê, fideliza seus clientes.

O economista Muhammad Yunus, vencedor do Prêmio Nobel da Paz em 2006, criou um **modelo de negócio** quando implantou o serviço de microcrédito para a população de baixa renda pelo **Grameen Bank**, em Bangladesh. Podemos citar, ainda, a abertura de um mercado totalmente novo quando o Google lançou o serviço de publicidade Google Ads, permitindo que empresas usassem a internet como proposição de **valor ao cliente**.

Assim, de acordo com o autor, consultor e empreendedor suíço **Alex Osterwalder**, modelos de negócios descrevem a lógica de como uma organização cria, captura e entrega valor aos seus clientes. Dizendo de outra forma: é a representação dos processos de uma empresa de como ela oferece valor aos seus clientes, obtém seu lucro e se mantém de forma sustentável ao longo de um período.

A inovação nas empresas não acontece por acaso

A inovação em um modelo de negócio não surge ao acaso. É algo que deve ser administrado e monitorado, estruturado em processo e utilizado para alavancar o potencial criativo de uma organização. Requer habilidade e destreza para lidar com incertezas e com opiniões contrárias.

O surgimento de uma boa solução requer tempo, dedicação e uma equipe plenamente motivada. Para tanto, existem técnicas e uma linguagem que podem ser estudadas e aplicadas no dia a dia. Alex Osterwalder, em um processo de cocriação com mais 470 praticantes da metodologia ao redor do mundo, disponibilizou e tem difundido, o que chamamos de Canvas, um quadro que apresenta nove blocos e que representa os processos organizacionais.

A partir da prática do **Design Thinking**, é possível criar, modelar e idealizar modelos de negócios inovadores. Desde 2011, apresento isso em cursos, palestras e workshops. Além disso, também adoto a mesma metodologia em processos de diagnóstico organizacional, como identificação de processos internos na empresa e até mesmo como base para o planejamento organizacional. E posso afirmar que funciona. Os resultados são surpreendentes e motivadores.

E o que dizer da **Kodak** versus **Fujifilm**? Bem, isso é tema para um workshop, mas basicamente a Kodak não mudou o seu modelo de negócio, vindo a quebrar, enquanto a Fuji (não mais só filmes) alterou completamente seu modelo, incorporando outras variáveis, inclusive cosméticos, e permanece competitiva e lucrativa, desbancando o império da concorrente Kodak. E você, vai ficar esperando também a concorrência suplantar a sua empresa?

NOVOS MODELOS DE NEGÓCIO: CINCO MODELOS PARA QUEM QUER TIRAR AQUELA IDEIA DO PAPEL

Talvez você ainda não conheça Yogi Berra, ídolo do New York Yankees, mas há uma frase dele que fará bastante sentido para aquilo que o mercado está vivenciando: "O futuro não é mais como costumava ser." São necessidades que antes não existiam, profissões inteiramente diferentes que estão surgindo e, no mesmo passo, os novos modelos de negócio.

Mas como se deu tamanha transformação? É exatamente essa a palavra que está impulsionando tudo. A **transformação digital** não chegou por acaso e criou modelos de negócio. Antes disso, existiram fatores que contribuíram para que empresas e startups começassem a pensar e a fazer diferente. Alguns dos pontos que podemos ressaltar:

- Quantidades massivas de poder computacional acessível;
- Abertura da **Amazon Web Service**, com disponibilidade infinita de espaço na nuvem, retirando de linha os velhos e antiquados "servidores";
- Disponibilidade de compartilhar aplicativos via **Apple Store** ou **Google Play**;
- Proliferação de dispositivos conectados à internet;
- GPS, localização e hiperlocalização;
- Inteligência artificial e Internet das Coisas;

- Interações máquina a máquina (sem pessoas no ciclo);
- Visão design *driven*, ampliando o conceito de Design Thinking e mudando o foco no produto para as necessidades dos clientes, entre outros.

Com tudo isso, é natural que exista **uma transformação no mercado** e surjam novos modelos de negócio e, com isso, oportunidades sejam criadas. Para entender um pouco do panorama que se estabeleceu, vale olhar alguns dos números apontados pelo **IDG's 2018 State of Digital Business Transformation**[17]:

- 55% das startups já estão atuando em uma estratégia de negócios digitais;
- Contando com as estratégias de serem digitais em sua formação ou *first digital*, as startups podem aumentar a receita em 34%;
- 95% das startups têm planos de negócios digitais;
- 62% afirmam entregar uma excelente experiência ao cliente, alcançando o sucesso dos novos modelos de negócio digital;
- *Big data e analytics* (58%), tecnologias móveis (59%), nuvem privada (53%), nuvem pública (45%) e APIs* e tecnologias incorporáveis (40%) constituem as cinco tecnologias principais já implementadas;
- 49% dos executivos da área de tecnologia da informação (TI) afirmam que a tecnologia da Internet das Coisas (IoT) é fundamental em suas estratégias de negócios digitais.

---

* ***API***: sigla de Application Programming Interface, que, em português, significa Interface de Programação de Aplicativos. É um conjunto de rotinas e padrões de programação para acesso a um aplicativo de software ou a uma plataforma baseada na Web.

Para ficar mais simples de visualizar o **impacto da transformação digital,** vamos pensar na quantidade de funções e ações, por exemplo, que se consegue, hoje, executar por meio de um smartphone. Você pode pagar suas contas, assistir a uma variedade de mídias, pedir comida ou transporte sem precisar falar com alguém, entre outros exemplos. Pode até parecer redundante, mas são serviços que estão gerando oportunidades de inovar e fazendo com que novos modelos de negócio prosperem.

Cinco padrões de modelos de negócio para ficar de olho

Para você que quer tirar aquela ideia do papel, apresento cinco padrões de modelos de negócio que têm criado oportunidades para as empresas. Confira:

1. Marketplace ou Plataforma

Os **negócios plataforma** correspondem a um dos novos **modelos de negócio** que estão bastante inseridos na rotina das pessoas. O marketplace é uma plataforma, com mediação de empresas, na qual se encontram ofertas de diferentes fornecedores. É aberta, permitindo a participação "regulada" entre as partes, promovendo ativamente interações (positivas) entre diferentes parceiros, em um mercado multilateral, e escala muito mais rápido do que um negócio tradicional.

Há uma gama de empresas que surgiu a partir do novo modelo de negócio e outras que se adaptaram mediante uma necessidade trazida pela transformação digital. A ideia é reunir marcas e lojas e centralizá-las em um só espaço virtual, fazendo com que o consumidor possa pesquisar e encontrar de forma mais simples aquilo que procura com as melhores condições financeiras e a melhor qualidade.

2. *Freemium*

Mix de produtos básicos gratuitos com serviços pagos. Caracteriza-se por uma grande base de usuários que se beneficiam pela base grátis e cerca de 10% dos usuários pagam pelos serviços. Faz parte dos novos modelos de negócio que apareceram fortemente com a transformação digital. Lembre-se de quando você obtém acesso a um jogo, plataforma ou software gratuitamente, porém precisa pagar para obter determinadas funcionalidades, tidas como recursos adicionais, como contas *"premium"* ou especiais. Exemplo: **Skype**; **Dropbox**; **CandyCrush**.

3. *Free* ou Grátis

O modelo *free* surgiu com as possibilidades trazidas por meio da internet e com a globalização do seu uso. Há muitas ofertas virtuais de produtos *free*, desde jogos até aplicativos. Mas como as empresas fazem para lucrar? Aqui, há a questão do recolhimento das informações dos usuários e, principalmente, a venda de espaços para que outras empresas possam anunciar; por exemplo, quando você está assistindo a um vídeo e aparece uma propaganda na tela.

4. Isca e Anzol

Consiste em oferecer um produto básico a um preço muito baixo e depois cobrar preços excessivos pelas recargas. Exemplos: **Gillette**, **Epson**, **HP**, **Nespresso** etc.

Excelente oportunidade para fidelização de clientes que precisam recorrer aos serviços com frequência, conforme o uso efetuado.

5. Assinatura

O conceito é bastante simples. O consumidor paga, periodicamente, para ter acesso a produtos e serviços. Hoje, existem os serviços de *streaming*, como **Netflix** e **HBO Go**, que fornecem filmes e séries. Há ainda o chamado "Netflix dos livros", o **Kindle Unlimited,** que permite a locação de livros por meio de uma assinatura e do dispositivo Kindle.

Os novos modelos de negócio encontram uma terra fértil com a transformação digital.

GRANDES EMPRESAS VERSUS STARTUPS: O QUE ESSA COMPARAÇÃO ENSINA AO MERCADO

Com a palavra "inovação" aparecendo em diversos locais, é natural que os gestores de diferentes áreas se tornem mais atentos em relação a mudanças do mercado. **Steve Blank**, professor emérito de Stanford e UC Berkeley e uma autoridade em empreendedorismo, traz, no artigo "**Why Companies Are Not Startups**[18]" (Por que empresas não são startups, em tradução livre), publicado na plataforma *Startup* Grind, a questão da cobrança excessiva de que "é preciso inovar", mas atenta para o fato de que pouco se fala sobre o que está impedindo isso de acontecer. Inclusive, alerta para duas premissas muito importantes nesse quesito: uma *startup* não é uma "versão menor" de uma grande empresa. Da mesma forma, grandes empresas não são "versões maiores" de *startups*.

O que isso significa? Que ambas têm características distintas e não é preciso haver uma padronização sobre "inovação". Startups trabalham de uma forma e grandes empresas talvez precisem ir por um caminho diferente. No entanto, há diversos obstáculos que podem ser superados quando uma olha para a outra. São processos, metodologias e lideranças, por exemplo, que podem funcionar muito bem em uma e, por isso, podem ser incorporados ou personalizados em grandes empresas.

Steve Blank, para esclarecer a questão, explica que uma startup é uma organização temporária com o objetivo de procurar e encontrar um **modelo de negócio** com possibilidade de escalar e ser replicável. Em contrapartida, grandes empresas contam com modelos de negócios testados e validados e, em vez de "procurar e encontrar", elas os executam. Por essa razão é que nem sempre é tão fácil trazer ações criativas, inovadoras e disruptivas.

Quando se fala em inovação para grandes empresas, há uma barreira bem clara: os modelos de negócios comprovados. Não é mais preciso ir atrás de um norte, como em uma startup, pois já se tem um guia para criar produtos e serviços. Porém, o que acontece é que as equipes absorvem isso como uma máxima imutável. É um dado que precisa ser executado todos os dias. As métricas de sucesso e recompensa estão baseadas nisso. Então, como inovar em um cenário assim?

Inovar é caótico, confuso e incerto. Nesse quesito, as ferramentas e mindset das startups conseguem agir de forma rápida até mesmo em uma **mudança de cultura interna**.

O que grandes empresas podem aprender com startups

Primeiro, é preciso desmistificar a imagem de que uma startup não tem disciplina. A inovação requer organização. No artigo "**What Your Innovation Process Should Look Like**[19]" (Como seu processo de inovação deve ser, em tradução livre), publicado pela Harvard Business Review, Steve Blank e Pete Newell ensinam que, para inovar, é preciso uma arquitetura baseada em evidências, com processos funcionando de forma ágil e priorizando problemas, ideias e tecnologias. A Inovação *Lean*, que pode ser extraída de *Lean Startup* — um método que evita desperdícios para entregar rapidamente qualidade, conhecimento e prática —, pode ser adaptada para grandes empresas.

Na Inovação *Lean*, há seis etapas que conseguem ser assimiladas por grandes empresas. Isso mostra, mais uma vez, que não é preciso se tornar uma startup para inovar, mas entender, dentro do seu contexto, que há ferramentas que podem contribuir com um objetivo fora do tradicional.

1. Abastecimento

Formatar um período de dias no qual um grupo criará um apanhado de problemas, ideias e tecnologias que devem ser investidas.

2. Curadoria

Os responsáveis por inovar vão para a rua. Eles saem da zona de conforto do escritório e vão até clientes e colegas. Isso possibilita identificar novos problemas, variações de uma necessidade, soluções que cabem dentro de cada orçamento etc. Com isso, é possível prototipar, começar com o *Minimum Viable Product*, o chamado MVP (Produto Mínimo Viável, em português)[*].

3. Priorização

A lista de ideias é refinada de acordo com a pesquisa anterior, em que são avaliadas questões técnicas, legais, orçamento, entre outros. Nessa etapa, os projetos são categorizados, o que diz respeito ao quanto será investido, por quanto tempo e sua viabilidade.

4. Soluções e testes

Depois que as ideias são priorizadas, a equipe de inovação procura por **soluções e começa a testar hipóteses**, sem medo de falhar.

---

[*] **MVP**: Metodologia adotada para o desenvolvimento de um novo produto com o mínimo de investimento financeiro e de tempo.

5. Incubação

Com a hipótese validada, começa a construção, de fato, de um MVP e o alinhamento da integração da equipe. Para que isso aconteça, é essencial uma liderança que garanta recursos e orientação.

6. Integração e reestruturação

Após a validação dos testes, a solução dá os passos iniciais na integração dentro das grandes empresas. Aqui também são corrigidos desvios, os quais são rapidamente reestruturados.

De quais outras formas startups podem ajudar grandes organizações?

Existem ainda outros conceitos que podem ajudar grandes empresas. São abordagens e ferramentas de startups que têm tido bastante sucesso.

- Equipe enxuta

    Não há um número predeterminado por projeto, mas não se chega até dez pessoas. Se necessário, a empresa deve dividir o projeto em fases.

- Carreira em T

    Profissionais têm sido mais valorizados por uma combinação interessante de conhecimento em vários assuntos, mas com profundidade e expertise em um deles.

- O erro faz parte da inovação

    É **preciso experimentar**. Para isso, o medo de errar não deve fazer parte da equipe. Pelo contrário, significa insumo para tentar novamente.

- Propósito

    Um projeto, serviço ou produto deve estar baseado na resolução de problemas reais.

Algumas lições aprendidas para inovar em grandes empresas, de acordo com Steve Blank:

- Inovar em grandes empresas é mais complexo do que em uma startup;
- KPIs e processos precisam ser inovadores e responsivos, não baseados somente em execução repetitiva;
- Cada vez que um processo de execução entra na empresa, a inovação se torna mais distante;
- As grandes empresas precisam mais do que entender e falar sobre inovação, devem obter ferramentas e colocá-las em prática;
- É fundamental haver políticas, procedimentos e incentivos com foco em inovação.

EMPRESAS EXPONENCIAIS: COMO TRAZER O PENSAMENTO STARTUP PARA DENTRO DAS ORGANIZAÇÕES

Empresas Exponenciais são organizações que crescem de forma mais rápida do que empresas convencionais porque se baseiam em tecnologias avançadas. Elas pensam grande e buscam desenvolver estratégias e negócios de maneira escalável. Para tanto, trabalham com o propósito de simplificar a vida dos seus clientes, e é justamente por isso que em torno delas gira uma série de clientes apaixonados e promotores orgânicos dos negócios.

Um bom exemplo disso é a **TED**, uma empresa inovadora em educação corporativa que mudou a forma de apresentar palestras. Quem nunca assistiu a um TED após o outro e compartilhou os links nas redes sociais com os amigos?

Do outro lado dessas organizações que se conectam com pessoas e fazem de tudo para oferecer a melhor experiência para os clientes estão as empresas tradicionais. Elas consideram a inovação de dentro para fora, com grandes investimentos em Pesquisas e Desenvolvimento (P&D) quando querem inovar. Normalmente, pautam-se no passado, criando desafios de crescimento pelo que já conseguiram, enquanto empresas exponenciais miram o futuro e trabalham com cenários prospectivos desafiadores com crescimento não em 10%, mas em 10x.

Esse processo é oneroso e demorado, além de ser pautado em proteger os serviços já estabelecidos, uma vez que estão há anos gerando receita para a empresa. Contudo, enquanto o P&D trabalha intensamente nessas organizações, uma startup nasce com pensamento *lean* (enxuto), baseada em experimentação, com pouco recurso e com o foco em descobrir os erros da operação o mais rápido possível para corrigi-los e otimizá-los logo em seguida.

No entanto, se são as *startups* que se transformam em Empresas Exponenciais que crescem dez vezes mais e que, consequentemente, revolucionam o mercado, atraem seguidores apaixonados e operam com o tripé processo-pessoas-cultura, em que as empresas tradicionais estão errando para ficarem para trás?

O que não fazer para seguir o exemplo das Empresas Exponenciais?

Disrupção e modelo de negócio

Como abordei anteriormente, as empresas tradicionais, quando pensam em inovar, focam P&D, mas dificilmente modificam o modelo de negócio. Ao longo dos anos, vimos várias empresas estabelecidas perderem mercado porque não modernizaram as operações. Aqui, podemos citar a **Kodak**, a **Nokia** e fabricantes de produtos de entretenimento, como CDs, DVDs e aluguel de filmes.

O que podemos aprender com esses exemplos é que as organizações não podem pensar de forma linear e replicar estratégias que já deram certo antes para prever a aceleração e a escalada de um negócio.

Burocracia e riscos

Burocracia é o tipo de palavra que lembra situações negativas. Autenticar documentos no cartório, juntar muitos documentos para alugar um apartamento e, não por acaso, é um termo vinculado a repartições públicas.

A tecnologia moderniza-se a cada dia ao mesmo tempo em que várias **ideias são tiradas do papel** e se transformam em uma startup que pode se transformar em uma empresa exponencial. Há espaço para burocracia com a disrupção batendo na porta? Não há. Exemplo disso foi a revolução que a startup brasileira QuintoAndar vem fazendo no que se refere ao aluguel de imóveis. Processo simples, direto e sem intermediários, tornando-se uma empresa avaliada em US$1 bilhão, sendo considerada um dos "unicórnios"* brasileiros.

Por outro lado, é difícil romper padrões de mercados, ou seja, assumir riscos e reduzir burocracias, dar autonomia para experimentação. Grandes empresas, que já foram líderes de mercado, têm dificuldade em inovar, pois mexer em time que está ganhando é difícil. É romper com a sua própria estrutura. O caminho mais estratégico nesse cenário seria abrir mão de uma parcela da receita, investir em inovação e recuperar (e crescer de forma acelerada) mais lá na frente.

Qual o diferencial das empresas exponenciais, então? Elas começaram pequenas e com pouco recurso. É mais fácil assumir riscos e testar várias hipóteses. Reduza os papéis. Simplifique. Confie. Dê autonomia. Assim, certamente, a mudança acontecerá.

---

* *Unicórnio*: termo global adotado para designar empresas de tecnologia avaliadas em US$1 bilhão antes mesmo de abrirem seu capital em bolsa de valores, ou seja, antes de realizarem o IPO (*Initial Public Offering*).

Otimizações

Ainda tratando sobre a dificuldade em romper barreiras e assumir riscos, também notamos que as organizações tradicionais preferem a zona de conforto das otimizações: melhorar um produto, agregar um serviço adicional ou até mesmo um novo acessório. O inverso disso seria pensar em algo novo, totalmente fora da caixa, e jogá-lo de forma mais rápida no mercado para medir a aceitação, reparar os erros e otimizar quando preciso.

As empresas que promovem deslocamento humano são campeãs em trabalhar com otimizações. No meio de tantos acessórios e mudanças de design de automóveis, surgiu a **99**, a **Uber** e até os patinetes que, além de mais econômicos, ainda prometem desafogar o trânsito. Nessas histórias distantes, quem cresceu e quem reduziu as vendas?

P&D é demorado e oneroso

O processo de Pesquisa e Desenvolvimento (P&D) é um estágio muito importante dentro do processo da inovação. No entanto, é pendente de muitas variáveis e é demorado. Exige tempo, dinheiro e uma grande equipe. O processo ágil e exponencial considera etapas menores, com pequenas apostas em contato direto com o mercado e com os clientes. Dentro do pensamento *lean* e de startups, precisamos testar logo, verificar os erros e acertos, identificar o aprendizado e corrigir o rumo.

Para isso, recomenda-se o uso frequente de novas metodologias ágeis, como o **Design Thinking**, prototipações rápidas, Provas de Conceitos (POCs) e MVP (Produto Mínimo Viável) para validação das ideias.

Como começar a mudança sem prejudicar a receita?

As corporações tradicionais esbarram em padrões de mercado que elas mesmas criaram. Mas é possível promover a mudança e trazer o pensamento de startup para dentro dessas organizações sem prejudicar o dia a dia e a receita? Claro que sim! Muitas empresas têm optado por um modelo híbrido de gestão, no qual aproveitam o melhor dos dois mundos.

Ou seja, elas replicam a eficácia operacional que deu resultado por anos ao mesmo tempo em que abrem espaço para o teste e a inovação. Isso pode acontecer tanto por meio da criação de setores focados em inovação, criatividade, desenvolvimento de novas ideias e colaboração como também no investimento em laboratórios de inovação fora da organização.

CRESCIMENTO EXPONENCIAL NÃO ACONTECE POR ACASO: QUATRO DICAS PARA ACELERÁ-LO

As **Empresas Exponenciais** chegaram ao mercado para quebrar padrões e obter um crescimento exponencial sem precedentes. Internamente, podem escalar sem necessariamente aumentar suas estruturas. Externamente, relacionam-se com diversos *players* e os escalam para a sobrevivência de seu próprio negócio. Apenas essas peculiaridades já significam um grande avanço para a economia atual (e uma ousada estratégia para se manter nela).

O fato é que estamos diante de empresas altamente disruptivas. São assim consideradas porque criaram uma forma de fazer negócio ou mudaram as regras vigentes. Quebraram barreiras. Mudaram a forma de pensar. Você lembra como foi o processo de fotografia: passamos da visão analógica para a era digital, tiramos a foto do papel e a colocamos em dispositivos móveis, compartilhando-a no momento que se deseja.

E o que aconteceu com o velho rolo de filmes com 36 poses? Está hoje no lixo ou em caixinhas de recordações. Assim aconteceu com os filmes que assistimos, com a compra da passagem aérea, com o táxi que pegamos, com a forma de pedir comida em casa. Atualmente, fazemos todas essas atividades de forma totalmente diferente de dez anos atrás.

Mas o que as empresas disruptivas e inovadoras têm de diferente?

São empresas que encontraram uma oportunidade de negócio, investiram em desenho de processos, modernizaram a área de recursos humanos e criaram uma sólida cultura de inovação entre a equipe. Tudo isso sem contar que os negócios inovadores são orientados a dados e utilizam essas informações de forma estratégica para criar valor para o negócio. Unindo essas frentes à maneira como se constroem ecossistemas complementares para realimentar seus **modelos de negócios**, temos um formato disruptivo de criar e conduzir empresas.

O mix de informação, colaboração e DNA inovador faz com que essas organizações cheguem ao crescimento exponencial, que, explicando de forma simplificada, significa crescer cerca de dez vezes mais do que os concorrentes. Uma empresa que chega nesse patamar também se torna referência na área de atuação, além de conquistar uma audiência apaixonada e que atua de forma espontânea como promotora do negócio. Você já viu um usuário de um produto da Apple mudar facilmente para um dispositivo eletrônico de outra marca? Certamente que a resposta é negativa.

Quatro dicas para acelerar o crescimento exponencial da sua empresa:

1. Desbravar e correr riscos para alcançar o crescimento exponencial

    Costumo dizer que nem tudo são flores na trajetória de **empresas inovadoras**. Manter-se em um ambiente ainda muito conservador com um modelo de negócio diferenciado é nadar contra a maré. Também é cutucar mercados altamente competitivos, como o exemplo da fintech* brasileira **Nubank,** que bate de frente com instituições financeiras tradicionais. O surgimento da Nubank alvoroçou o mercado financeiro brasileiro, resultando em grandes transformações digitais das instituições que lideram o mercado.

Não ter a propriedade do produto ou serviço, como em um mercado tradicional, é correr riscos, e isso não é necessariamente ruim, muito pelo contrário. A relação entre colaboração e confiança substitui modelos fechados — e controlados. O ecossistema de *players*, times por demanda e redes globais tomam o lugar do quadro de funcionários padrão, ou, ainda, do controle exigido por **plataformas de negócios**, como as de hospedagens, transporte e pedidos online, que reúnem milhões de membros e fornecedores.

2. Crie uma base de confiança e autonomia para a equipe de projetos

Criar uma base de confiança e autonomia para as equipes de projetos é fundamental para o negócio fluir adequadamente. Pense na quantidade de projetos do Google e no volume de parceiros que o gigante das buscas precisa gerenciar em vários países. Aliás, o Google é apenas um dos negócios da holding **Alphabet**.

Você acredita que empresas como o Google ou negócios plataformas que se transformaram em "unicórnios", como a **Uber**, a **Rappi** e a **99**, teriam ido muito longe sem dar autonomia e confiar na equipe?

---

* ***Fintech***: termo criado a partir da combinação das palavras *financial* (financeiro) e *technology* (tecnologia) para designar empresas que desenvolvem produtos financeiros totalmente digitais.

3. Crie uma rede de colaboração

O crescimento exponencial não é resultado apenas do valor entregue ao consumidor/usuário. Com um ecossistema que escala e é escalável, o negócio precisa ser atrativo para todos continuarem dentro da organização. O modelo depende, portanto, de uma rede, diferentemente de um sistema tradicional, que atua, em geral, com demanda e oferta em via única. Isso sim é correr riscos!

Mas como fazer acontecer? Os principais caminhos para o sucesso de uma organização exponencial são: ser uma "fonte aberta", livrando-se dos gargalos produtivos, e criar um relacionamento baseado na empatia e colaboração com suas redes.

- Essas empresas trabalham com o acessível e por isso trocaram os sistemas lineares pelo exponencial;
- Trocaram o físico pela tecnologia;
- Reduziram espaços de escritórios para globalizar digitalmente;
- Validam ideias com seu ecossistema;
- Criam a partir da expertise de suas redes e entregam itens relevantes para o momento;
- Não temem a automação de processos e têm como aliados muitos robôs que agilizam os processos sem, necessariamente, demitir pessoas.

4. Quebre as hierarquias

Empresas Exponenciais têm a inovação e a agilidade em seu cerne. Esqueçam os processos burocráticos e engessados, afinal é necessário espaço para a criatividade. Como ser criativo para desenvolver novos produtos, testar ideias e implementar mudanças em um ambiente cheio de pontos de contato e hierarquia?

O segredo para acelerar o crescimento exponencial é descentralizar as decisões e investir em comunicação transparente. Tudo isso sem contar que toda a equipe precisa conhecer as metas e objetivos dos projetos em que está inserida. Nas Empresas Exponenciais, flexibilidade e confiança ganham o lugar do "chefe acima de tudo".

O crescimento exponencial não vem por acaso e não acabará instantaneamente. Enquanto o consumidor tiver insatisfação, expectativa ou desejos, terá sempre uma empresa inovadora para pensar soluções. Todos os lados têm a ganhar com isso.

PLATAFORMAS DE NEGÓCIOS: O QUE SÃO E COMO IMPACTAM O MERCADO

As empresas do tipo plataforma de negócios mudaram a dinâmica da economia e obrigaram muitos gestores a saírem da caixa para não serem impactados pela disrupção digital. Elas romperam com o formato linear dos modelos tradicionais e criaram um verdadeiro ecossistema em torno das suas plataformas. O que fazem de diferente? Basicamente, criam valor ao facilitar trocas entre dois ou mais grupos diferentes, geralmente consumidores e produtores.

Para que essas transações aconteçam, as empresas do tipo plataforma de negócios criam comunidades e mercados com efeito de rede, permitindo que os usuários interajam uns com os outros e façam transações. Ou seja, existem duas partes interessadas: a primeira conta com um produto ou serviço para oferecer, já a segunda tem interesse em adquirir esse produto ou serviço.

Organizações exponenciais que incluíram a plataforma de negócios em sua cadeia de valor entraram para a lista das maiores (e mais inovadoras!) empresas globais. **Google**, **Facebook**, **Apple**, **Uber** e **Netflix** são algumas delas.

Plataforma de negócios: um modelo antigo

Você já deve ter olhado para a sua própria experiência como usuário recorrente de plataformas de negócios. Afinal, quem é que não gosta de "maratonar" uma série em um feriadão? Quem é que resiste a uma promoção de livros? Isso tudo sem contar na facilidade de conseguir um carro quando você está atrasado para aquela reunião.

O hábito de conseguir serviços com poucos cliques é novo, mas plataforma de negócios é um modelo antigo. Vamos pensar juntos: para qual lugar você vai quando precisa comprar sapatos, fazer compras no supermercado e almoçar sem se preocupar com a condição do tempo ou a falta de estacionamento? Acertou quem respondeu Shopping Center.

A estrutura não passa de um grande centro comercial que aproxima lojistas de diferentes segmentos. Esses empresários pagam para utilizar o espaço e os consumidores podem centralizar as suas compras em um só lugar. Nessa equação, todo mundo sai ganhando: o dono do shopping, os lojistas e os consumidores.

Existem centenas de Shoppings Centers no país. Uns faturam mais que os outros. O segredo do sucesso nesse ramo é atrair participantes dos dois lados: lojistas e consumidores.

O modelo plataforma de negócios ganhou uma forte aliada com a chegada da internet. Vinte anos depois, as ferramentas tecnológicas estão mais acessíveis e a população conectada aumentou em escala global. Surgiram **marketplaces*** de produtos, serviços e também empresas que conectam profissionais com interesses comuns. Tudo isso tendo a plataforma como base. No entanto, o que não mudou foi o desafio dessas empresas — o de estimular transações entre os dois lados.

---

* *Marketplace*: plataforma, mediada por uma empresa, na qual vários fornecedores se inscrevem e vendem seus produtos. Permite que o cliente acesse a um determinado site e compre diferentes produtos, pagando tudo o que foi adquirido em uma única vez.

Plataforma não é uma ferramenta tecnológica

Plataformas são modelos de negócios e não apenas uma ferramenta tecnológica. É comum que se utilize o termo para se referir a aplicativos para celulares ou sites, mas uma plataforma não é apenas um site ou uma ferramenta tecnológica. É um **modelo de negócio** que cria valor ao aproximar produtores e consumidores.

Essa confusão ocorre, principalmente, em empresas que oferecem *SaaS (Software as a Service)*. Não que uma startup que comercializa softwares não possa ser (ou se transformar) em uma **organização exponencial**, mas a maioria entrega valor por meio de um produto e não cria conexões por meio de redes. Da mesma forma, elas não contam com a estrutura de custos que torna o modelo plataforma de negócios bem-sucedido.

As empresas lineares criam valor na forma de bens ou serviços e os distribui para uma cadeia de suprimentos até eles chegarem ao consumidor final, independentemente de ser uma empresa linear que fabrica calçado ou que oferece pacote de assinatura de TV a cabo, como a HBO.

Plataforma de negócios é um modelo em expansão

No início deste texto fiz referência ao Google, ao Facebook e à Apple como exemplos de empresas plataforma de negócios bem-sucedidas. Contudo, a grande verdade é que elas são apenas a ponta do iceberg. As plataformas estão crescendo de forma acelerada e encabeçando a lista das marcas mais valiosas segundo o ranking "**Empresas Mais Inovadoras do Mundo de 2018**[20]" da revista *Forbes*.

E engana-se quem acha que o sucesso dessas empresas acontece apenas nos Estados Unidos. **Alibaba, Tencent, Baidu** e **Rakuten** estão conquistando o mercado chinês e grande parte da Ásia. A Alibaba, por exemplo, controla até 80% do mercado chinês de comércio eletrônico, enquanto o navegador da Baidu tem mais de 70% da pesquisa chinesa. A Tencent, atualmente a empresa mais valiosa da Ásia, tem quase 850 milhões de usuários em sua plataforma de mensagens WeChat, e é considerada por muitos como a maior empresa de jogos do mundo.

No Brasil, várias empresas no modelo plataforma de negócios surgem a cada dia. Entre as startups avaliadas como "unicórnios", destaco a **QuintoAndar,** que conecta proprietários de imóveis com pessoas que querem alugar uma casa ou apartamento. A **99** proporciona negócios entre motoristas com clientes que precisam se locomover. A **Loggi** oferece serviço de entrega por motoboys para usuários que necessitam de uma entrega rápida. Destaca-se, ainda, a **Magalu,** que é uma plataforma que possibilita ao consumidor fazer suas compras na Web.

PLATAFORMAS DIGITAIS E O FUTURO DOS NEGÓCIOS: COMO NÃO FICAR PARA TRÁS?

As empresas de plataformas digitais têm despertado olhares atentos. Afinal, quais são seus diferenciais de mercado? Elas costumam ser bastante distintas, mas, independentemente disso, têm alcançado um estrondoso sucesso. Por essa razão, há uma grande expectativa para o futuro. Quem se tornará a próxima **Uber** ou **Facebook**? Tais indagações estão causando um movimento entre os executivos de negócios estabelecidos, priorizando as plataformas digitais dentro de suas estratégias. A partir disso, o principal é saber como não ficar para trás e quais são os primeiros passos.

Em entrevista publicada na MIT Sloan Management Review[21], os economistas Richard Schmalensee e David S. Evans afirmam que investir em plataformas digitais é um caminho para o sucesso. Porém, para trilhar a estrada rumo a um novo modelo de negócios, é importante seguir o aviso dos especialistas: não é tão fácil criar um negócio plataforma, é preciso preparo. Em uma das publicações de Schmalensee, há o conceito de um modelo que conecta diferentes grupos, o que, segundo ele, não é novidade, mas, em uma era de **transformação digital**, ficou mais fácil estabelecer interações. Uma facilidade que precisa entendimento para gerar inovação.

A transformação digital é um dos temas que as empresas que pretendem migrar para o modelo de negócio das plataformas digitais precisam conhecer. É uma realidade que inclui a necessidade constante de inovação em um mundo acelerado e conectado. Para entender sobre o novo ecossistema e saber se a sua empresa está preparada para dar o próximo passo, recomendo a leitura do e-book *Como preparar a empresa para a transformação digital*[*].

As oportunidades estratégicas, de acordo com o professor Michael Schrage, pesquisador da Iniciativa de Economia Digital do MIT (Massachusetts Institute of Technology) requerem a participação (ou, até mesmo, a criação) de ecossistemas. **Em artigo publicado na MIT Sloan Management Review**[22], ele explica que é vital promover a transformação digital, mas é igualmente importante ir além de produtos e serviços e abraçar as plataformas digitais. O especialista cita o mantra do mercado atual: "Vá para a plataforma ou vá para casa", afirmação do CEO da **Amazon**, Jeff Bezos. Schrage ainda explica que reimaginar o negócio é apenas o começo (que deve ser estudado e implementado), mas a criação de recursos baseados em plataformas é o que alçará a empresa para a conquista do mercado.

Etapas da implementação de plataformas digitais

Os modelos de negócios de plataformas digitais não são exclusivos da área da tecnologia. Atualmente, têm sido replicados e aparecem em diversos setores. **Em artigo publicado na plataforma CIO**[23], Nicholas D. Evans, consultor de inovação e transformação digital, separou o processo de implementação, pensando nas diferentes áreas, em quatro etapas iniciais. São elas:

---

[*] E-book disponível gratuitamente no site da autora: www.mariaaugusta.com.br

1. **Estabelecer a base comercial e técnica:** quais são os serviços principais da plataforma que sustentarão seu ambiente de serviços?

2. **Alinhar equipes internas e demonstrar o valor das plataformas digitais:** é imprescindível uma definição nítida sobre o que é a plataforma e o que está dentro do escopo.

3. **Oferecer os primeiros serviços para clientes:** com isso, a empresa obterá feedbacks antecipados e poderá ajustar a abordagem comercial e técnica com base em informações do "mundo real".

4. **Dimensionar o ecossistema:** escalar por meio de aplicativos de terceiros, parceiros e serviços associados, proporcionando mais opções dentro do catálogo de ofertas.

São passos imensos rumo à era das plataformas digitais. Cada uma das etapas, mesmo estando no começo da transformação do modelo de negócio, requer uma revolução entre as pessoas, os sistemas e a própria empresa.

PLATAFORMA DE NEGÓCIOS DIGITAIS, TRANSFORMAÇÃO DIGITAL E EMPRESAS EXPONENCIAIS: O QUE ESSAS ORGANIZAÇÕES TÊM EM COMUM?

Uma plataforma de negócios digitais faz com que exista o encontro de quem está ofertando e de quem está demandando, ou seja, o produto ou serviço por parte daquele que está oferecendo e o interesse na aquisição dos produtos ou serviços pelo demandante. Uma **plataforma de negócios digitais** também é considerada um modelo de negócio exponencial. Para entender melhor, basta pensar em como os videogames atuais adotaram a integração entre os desenvolvedores de jogos e, do outro lado, os jogadores fazem uso dos recursos do aparelho.

No entanto, não é um modelo de negócio que vem de hoje; antes mesmo de entrar no mundo digital, as plataformas já podiam ser vistas em estruturas bastante populares, como os Shopping Centers. Afinal, eles agrupavam e organizavam as marcas e vendedores que, por sua vez, pagavam para estarem ali. Já os consumidores podiam frequentar a localização e encontrar o que procuravam.

Plataformas de negócios digitais e as mudanças tecnológicas

Se as plataformas datam de uma época pré-internet, certamente o seu crescimento atual foi impulsionado pelo mundo digital. Mesmo que o modelo de negócios tenha surgido anteriormente, com a internet uma plataforma de negócios digital ganhou novas possibilidades, facilitando e elevando a conexão entre oferta e comprador a outro nível:

- Não é mais preciso se locomover, percorrer distâncias ou, até mesmo, ficar impossibilitado de satisfazer uma demanda justamente por conta de barreiras físicas e geográficas;

- Os desenvolvedores de produtos e serviços conseguem alcançar uma parte imensuravelmente maior da população e encontrar o seu público-alvo nos mais diversos pontos do globo terrestre;

- Da mesma forma, os compradores saem das limitações de um comércio local para terem acesso a tecnologias e inovações de praticamente todo o mundo.

Plataformas de negócios digitais e a Transformação Digital

Levando em consideração a atuação da internet como impulsionadora de uma plataforma de negócios digitais, a transformação digital tem capitaneado avanços significativos para ambas as partes que compõem o modelo. A partir da inteligência e da análise de dados, de tecnologias móveis e da computação em nuvem*, as plataformas têm conseguido entregar cada

---

* **Computação em nuvem**: disponibilização, sob demanda, de recursos do sistema de computador em centros de dados acessíveis a muitos usuários, sem o gerenciamento ativo direto deles.

vez mais valor, seja na criação de serviços, como os das empresas **Netflix, Amazon** e **Airbnb**, seja ao oferecer uma orientação maior ao promover um encontro entre quem procura e quem oferece, a partir de histórico de compra e busca, além da análise de comportamento.

A plataforma de negócios digitais funciona também como uma ponte para troca de valores na criação de um benefício ainda maior. Isso significa que as empresas conseguem ampliar ainda mais sua visão para as criações que antes operavam com um limitador de dados e informações sobre as necessidades do seu público. Hoje, tudo funciona em um grande processo de cocriação com os próprios usuários, a partir, por exemplo, da análise de novas demandas e de outros dados que são possíveis de serem explorados.

Dessa forma, novos modelos e mercados têm surgido com uma velocidade ainda maior. Há grandes marcas que exemplificam o uso da tática, como as esportivas **Nike** e **Under Armour**, pois, por meio de uma plataforma digital, puderam incluir em suas ofertas a tecnologia *fitness* vestível, algo que tem se tornado fundamental para competir em escala, como cita a reportagem "**Get On Board The Digital Platform For True Transformation**[24]" (Embarque na plataforma digital para a verdadeira transformação, em tradução livre) da revista *Forbes*.

Quais são os pontos críticos desse modelo de negócio?

Há três pontos de destaque em todos os setores nos quais opera uma plataforma de negócios digitais: criação de valor, atração de novos usuários e propensão a evoluir.

1. **Criação de valor**

   A conexão com a transformação digital torna-se bastante nítida, pois, além da oferta em qualquer lugar e a qualquer hora, há o fator da análise de informações e dados para identificar oportunidades de negócios e previsões de mercado. Diante disso, a plataforma de negócios digitais acaba impulsionando a transição de organizações de única operadora para uma rede digital, na qual se compartilha inteligência e cria-se relacionamentos, gerando mais valor e crescimento de vendas.

2. **Atração de novos usuários**

   A natureza acessível e intuitiva da plataforma de negócios digitais tende a ampliar o alcance daqueles que a usam, não se limitando somente a especialistas técnicos, fazendo com que exista uma cultura mais integrada.

3. **Propensão para evoluir**

   Não há um produto acabado. A plataforma é um trabalho em andamento. Se a transformação digital está em mudança constante, esse é o mesmo cenário de uma plataforma de negócios digitais. É preciso facilitar oportunidades de inovar e explorar novas ideias rapidamente e com baixos custos, sem limitações técnicas.

   Tendo em vista os três pontos anteriores, a conexão entre plataforma de negócios digitais, transformação digital e Empresas Exponenciais é vista com maior clareza.

PLATAFORMA DE NEGÓCIOS ONLINE: COMO UMA EMPRESA DO TIPO PLATAFORMA GERA LUCRO?

Uma plataforma é uma área plana horizontal, mas também pode ser um local para facilitar o embarque e o desembarque de passageiros em ônibus, metrô ou avião. A informação é do dicionário Aurélio, que ainda se refere ao verbete como uma configuração específica de um sistema operacional. No entanto, quando falamos de plataforma de negócios online, a definição é: **plataformas de negócios** conectam pessoas com interesse de comprar um produto ou serviço com profissionais ou empresas que oferecem esse produto ou serviço.

Nessa relação, todos os envolvidos saem ganhando, e o grande desafio dos negócios que têm a plataforma como base é estimular as transações entre os dois lados. Quem nunca recebeu um aviso da **Rappi** um pouco antes da hora do almoço? Essas mensagens costumam oferecer um cupom de desconto para comprar em algum restaurante que faz parte do marketplace da empresa ou ainda oferecer frete ou algum produto grátis na hora de fechar uma compra.

Junta a fome com a vontade de comer, não é mesmo? Principalmente, naqueles dias "corridos", em que enfrentar a fila do restaurante a quilo não é uma opção. Você abre o aplicativo, insere o código do cupom, escolhe o restaurante, o prato e, em menos de uma hora, o pedido está na mesa.

De "delivery de tudo" ao plano de dominar o serviço de entrega no Brasil

Embora o exemplo utilizado anteriormente seja sobre um cupom de desconto que chegou um pouco antes do almoço, a Rappi não é um serviço de entrega de comida. O **diferencial do negócio** é justamente oferecer o maior mix de produtos possível na grande vitrine da plataforma de negócio *online*. Por meio de filtros, é possível fazer as compras do mês no supermercado, comprar remédios e até adquirir cartões-presente de lojas de departamentos ou itens de sexshop.

O cliente escolhe a loja, fecha o pedido, o estabelecimento prepara o produto de acordo com as preferências do consumidor para, depois de pronto, um entregador levá-lo até o endereço selecionado. Esse profissional funciona como um parceiro direto do aplicativo e precisa, além de moto ou bicicleta, contar com um celular com serviço de geolocalização para que o consumidor possa rastrear a entrega. A compra pode ser fechada com dinheiro ou cartão de crédito, diretamente no aplicativo.

Toda essa comodidade rendeu para a startup colombiana duas rodadas de investimento em pouquíssimo tempo. De acordo com a reportagem "**Para onde vai a Rappi?**"[25], da revista *Isto É Dinheiro*, em outubro de 2018, a empresa recebeu um aporte de US$392 milhões, elevando o valor da plataforma para mais de US$1 bilhão e colocando-a no reino das empresas "unicórnios". Já em maio de 2019, o montante investido foi de US$1,2 bilhão: somente o banco japonês Softbank foi responsável pelo aporte de US$1 bilhão.

O plano de expansão dos empreendedores Felipe Villamarin, Sebastian Mejia e Simón Borrero, cofundadores da Rappi, e também dos investidores, é aumentar o efeito de rede, que garante a escalabilidade dos **negócios plataforma**. Inclusive, um dos grandes desafios da Rappi é continuar competitiva no mercado brasileiro, no qual há empresas como a **Ifood** (que antes estava com o recorde de maior investimento em startups da América Latina, com o aporte de US$500 milhões em 2018) e a **Uber Eats** — que é uma plataforma de negócios online vinculada à empresa "unicórnio" Uber. A espanhola **Glovo**, que também atua no segmento de entregas, deixou o mercado brasileiro depois de um ano de atuação, pois percebeu que, com a alta competitividade do setor, seria necessário muito mais investimento.

Como as plataformas de negócio online ganham dinheiro?

Já abordei por aqui que negócios plataformas não dizem respeito apenas à tecnologia, mas, sim, a um novo **modelo de negócio** que cria valor ao colocar em contato produtores e consumidores. No caso das empresas que funcionam como "delivery de tudo", elas precisam criar relações sólidas com os três principais pilares do negócio: os consumidores, os comerciantes e os entregadores.

A renda das plataformas de negócio online é gerada a partir do fechamento dos pedidos dos usuários. Quanto mais estabelecimentos e mais compras fechadas, maior é a receita, já que o aplicativo ganha uma porcentagem em cima dessas vendas. O grande desafio das plataformas de negócio é justamente aumentar o efeito de rede, ou seja, ampliar o número de usuários tanto de consumidores quanto de estabelecimentos e entregadores.

Mas o que é esse efeito de rede que gera escala, afinal?

Explicando de forma bem resumida, o efeito de rede é o valor que a quantidade de usuários confere a um negócio. Um exemplo clássico são as redes sociais: o **Orkut** reinou durante muito tempo, o **Facebook** foi ganhando aderência e outras redes surgiram, como o **Twitter**, o **Google+** e o **Instagram**. Em algum momento, o Facebook ultrapassou o Orkut até que a migração de usuários de uma rede para outra foi tão grande que o Orkut saiu de cena. O Google+ nem sequer deslanchou, justamente pela baixa utilização dos usuários.

E o que tudo isso tem a ver com plataformas de negócio online? A maioria das empresas cria um fluxo linear de compra e venda (seja online ou em lojas físicas), já os negócios plataforma dependem de fatores externos para criarem escala e gerarem renda (o tripé: consumidor, estabelecimentos e entregadores). Uma boa prática para que isso aconteça é prospectar consumidores e estabelecimentos externos, além de criar um aplicativo de fácil usabilidade que permita às relações comerciais acontecerem de forma sustentável e saudável.

Nesse esforço em potencializar o efeito de rede, a estratégia de vendas deve caminhar lado ao lado com o departamento de marketing da empresa. A Rappi costuma enviar mensagens próximo da hora do almoço, a Uber Eats oferece entrega grátis e cupons de desconto para os usuários Vips, o iFood já é case de sucesso em personalização da experiência do cliente.

No fim, em se tratando de plataformas de negócios online, ganha destaque quem desenvolve estratégias de negócio para se diferenciar do concorrente e, principalmente, consegue resolver um problema do seu cliente de forma ágil e inovadora.

FOCO NO CLIENTE: DO PLANEJAMENTO AO FEEDBACK, POR ONDE COMEÇAR?

Ao realizar uma busca rápida no Google com o termo "foco no cliente", em apenas 70 segundos é possível ter acesso a mais de 2 milhões de páginas sobre o tema com dicas para colocar o conceito em prática e também inúmeras literaturas sobre o assunto. Se você ainda não está muito familiarizado com o termo, podemos resumi-lo como "uma forma de repensar a relação com o público-alvo, investindo tempo e recursos não apenas para entender o que eles precisam, mas também para entregar o que eles desejam".

No entanto, o objetivo final de quem trabalha com foco no cliente não é muito diferente de quem atua com o produto ou serviço no centro da estratégia, ou seja, gerar lucratividade de forma sustentável a longo prazo. Mas, se a meta é a mesma, por que as empresas devem empregar recursos nessa metodologia? Trabalhar essa visão despende mesmo mais tempo?

Quais são os desafios de trabalhar com o foco no cliente?

O professor de marketing Peter Fader, no livro *Foco No Cliente Certo — Como repensar a relação com o cliente e dedicar-se àqueles mais valiosos*[26], quebra o paradigma de que os clientes têm sempre razão. Para ele, trabalhar com a visão do *"client first"* (clientes primeiro) exige que as empresas entendam que nem todos os clientes são iguais, que elas tenham um compromisso de identificar quais são os mais importantes e, principalmente, saibam empregar recursos para entregar o que esses clientes desejam.

Em resumo: enquanto os gestores que trabalham com o foco no cliente conseguem identificar a diversidade da sua base, quem trabalha com o produto no centro da estratégia entende que todos os consumidores são iguais. E isso está longe de ser uma afirmação verdadeira. Afinal, toda empresa quer ser reconhecida como uma corporação amigável e de credibilidade que não apenas declara que o cliente tem sempre razão, mas que realmente acredita nisso. Correto? Não necessariamente.

Fader é enfático ao afirmar que "os clientes certos têm sempre razão" e que, portanto, existe uma forma diferente de trabalhar com cada grupo de consumidores: uns necessitam mais e, consequentemente, outros menos. Não se trata apenas de ser amigável com as pessoas, mas de criar uma estratégia em que os produtos e serviços estejam alinhados com as necessidades dos clientes mais valiosos, com o objetivo de gerar lucro de forma sustentável. Saber direcionar o recurso financeiro e intelectual da empresa para identificar esses grupos e personalizar a experiência de compra é o grande desafio de quem faz negócios com a premissa do *"client first"*.

Cases de sucesso de empresas que trabalham com foco no cliente

No livro, Peter Fader apresenta ainda cases como **Amazon**, **IBM** e **Netflix**, que têm conseguido bons resultados trabalhando com foco no cliente. Ele explica como essas empresas colocaram o consumidor como centro da estratégia para melhorar seus rendimentos. Inclusive, o autor lembra que o iTunes levou bastante tempo para incluir a ferramenta de recomendação. Por outro lado, a Amazon já utilizava o histórico de compras para sugerir livros e outros produtos há muito mais tempo.

E por falar na varejista online, ela é um grande case de sucesso de empresas que trabalham com foco no cliente. Na Amazon, todo processo tem como ponto de partida a necessidade do consumidor. Não estou falando apenas de uma boa experiência de compra com uma entrega eficiente, mas da confiança que os consumidores depositam na empresa. Eles sabem, por exemplo, que podem usufruir de benefícios, como frete grátis para contas *prime*, ter acesso a avaliações positivas e negativas dos produtos, utilizar ferramentas de pesquisa dentro dos livros, entre outros.

Existe um caminho para chegar a esse patamar, e o primeiro passo é decidir qual é o cliente principal do seu negócio.

Estratégia da Amazon para crescer com foco em quem importa

Não é verdade que a Amazon conta apenas com um grupo de clientes, não é mesmo? Além dos consumidores diretos, também podemos citar vendedores, empresas e fornecedores de conteúdos. No entanto, a estratégia da varejista está claramente direcionada para ser a organização mais focada no consumidor de toda a rede. Embora haja reclamações (e até processos) de vendedores que contam com vitrines hospedadas na plataforma, a fidelidade dos consumidores diretos têm contribuído para a valorização cada vez maior das ações da loja *online*.

Definir qual o cliente certo é um grande desafio para as empresas. Há, inclusive, aquelas em que o grupo mais importante gera receita muito baixa e, portanto, a gestão opta por tratar todos com a mesma importância. No entanto, trabalhar dessa forma pode ser um problema no futuro.

Quando uma organização decide não direcionar a estratégia do negócio para um público principal está assumindo um risco: de que uma nova empresa surja com estratégias voltadas para seus clientes e ela acabe ficando para escanteio.

A seguir, confira quatro passos para iniciar um planejamento com foco no cliente.

1. Identifique um cliente principal

É preciso focar em um público que não apenas gere lucro, mas que também esteja alinhado com a visão da organização. Em resumo, o cliente principal deve ser escolhido de acordo com três dimensões básicas: perspectiva — que engloba a **cultura de inovação**; capacidade — os recursos produtivos da empresa; e o potencial lucrativo — a receita gerada por cliente.

2. Entenda o que o cliente principal valoriza

Analisar dados que possam levar a gestão a conhecer as necessidades dos clientes também é um grande desafio para quem trabalha com foco no cliente. Isso porque nem sempre o cliente sabe do que precisa. Em uma mesma fatia de mercado há quem prefira o menor preço, aprecie o bom relacionamento entre empresa e consumidor e ainda aqueles que valorizam mais as ferramentas tecnológicas utilizadas.

Como atender essas pessoas com eficácia? A resposta "monitorando suas compras e preferências" pode até ser meio óbvia, mas a verdade é que o estudo desses dados é apenas o começo. É essencial ainda observar o hábito de consumo, enviar pesquisas para os consumidores e ficar de olho em estudos de mercado, como os publicados pelo **Think with Google**, plataforma sobre marketing do Google.

3. Adote o modelo de negócio com foco na necessidade do cliente

As duas etapas anteriores nortearão o **modelo de negócio** da sua empresa. Se o cliente principal valoriza preços mais baixos, deve haver uma preocupação constante em negociar com fornecedores, além de olhar com muita cautela para a comercialização e a distribuição dos produtos. A rede de supermercado **Walmart** trabalha dessa forma.

Por outro lado, se os consumidores valorizam a especialização do conhecimento, uma empresa para se observar como modelo é o Google, cuja área de pesquisa e desenvolvimento do produto recebe mais recursos, enquanto as demais áreas atuam como setores de apoio. Embora existam muitas centrais de Pesquisas e Desenvolvimento (P&D) pelo mundo, elas não são responsabilizadas pela receita da empresa. Para assumir esse compromisso, existe o departamento de vendas.

4. Crie um fluxo de trabalho interativo

Não importa quão bom e lucrativo seja o seu modelo de negócio, os hábitos de compras e as necessidades dos clientes, uma hora ou outra, vão mudar, novas tecnologias chegarão e o processo da sua empresa deve facilmente se adaptar a essas alterações. Assim, a análise das forças e ameaças deve ser constante, afinal são elas que identificam os desejos dos clientes principais e também os lucros que eles geram para o negócio.

Manter um **espaço interativo** e aberto para toda a equipe facilita, e muito, edições no planejamento empresarial com foco no cliente. Não importa se você vai contratar um sistema de ponta ou utilizar planilhas no MS Excel, o que não pode faltar é um time direcionado para o mesmo objetivo e indicadores de desempenho.

COMO SE PREPARAR PARA AS NOVAS FORMAS DE TRABALHAR EM MEIO A INCERTEZAS?

Quando foi a primeira vez que você pensou no futuro do trabalho e suas novas formas de trabalhar? O motivo dessa pergunta é até meio óbvio: há anos vivemos em um cenário de mudanças complexas, muitas delas sem precedentes históricos. Acompanhamos serviços tradicionais e consolidados, como o radiotáxi, reserva de hotéis e delivery de comida, serem engolidos por modelos de negócios em plataformas que disponibilizam o produto ou serviço em apenas um clique.

Da mesma forma, vimos organizações tradicionais, que já estiveram na almejada lista Fortune 500, publicada pela revista *Fortune*, serem ultrapassadas por empresas que nasceram na garagem da casa dos pais de algum jovem disposto a assumir riscos. As startups "unicórnios", que começaram raras em 2013, com apenas 39 integrantes, fecharam 2019 com 127 novos nomes. Cinco deles no Brasil, colocando o país como o terceiro entre aqueles que mais consolidaram novos "unicórnios" no mundo. Os dados são do **relatório da Distrito, plataforma de inovação**[27].

O estudo ainda mostrou que a **Loft**, especializada na compra e revenda de imóveis, foi a primeira empresa do Brasil a atingir o valor de US$1 bilhão em 2020. Ainda assim, o futuro do trabalho parecia um assunto distante para a maioria das empresas e foi necessário o surgimento da pandemia do coronavírus (Covid-19) — que parou o mundo inteiro — para que os executivos repensassem os processos, os modelos de negócio e as novas formas de trabalhar. De repente, rever ou criar uma cultura organizacional flexível, focada em colaboração e que reduzisse os silos entre os departamentos virou uma questão urgente dentro das empresas.

No entanto, há quase dez anos, essas empresas que já nasceram exponenciais e disruptivas vêm mostrando para o mercado que o novo sistema econômico é pautado pela inovação, criatividade e colaboração. Mude ou morra é a ordem da vez; já era antes e também será depois, no "pós-normal"*, exigindo novas formas de trabalhar.

O mercado de trabalho já contou com algum momento de certeza?

Fala-se muito em crescer de forma sustentável no meio de incertezas e em como moldar novas formas de trabalhar para esses cenários de mudanças complexas. Contudo, quando houve essa segurança, se desde o início da Idade Contemporânea, com a consolidação do capitalismo no Ocidente, os países e, consequentemente, as empresas vêm disputando matérias-primas e consumidores que consideram serem escassos?

No que se refere a essa transformação de produção e busca por mercados, podemos dizer que as empresas foram mudando o foco das vendas com o passar dos anos. Na era industrial, por exemplo, os produtos eram básicos, fabricados em escala, e o grande objetivo era vender mais, gastando menos. O foco estava nos produtos.

---

* *Pós-normal*: expressão originada do termo "tempos pós-normais", criado pelo professor britânico de origem paquistanesa Ziauddin Sardar[28] para designar o período de transição em que velhas ortodoxias estão sendo revistas e abandonadas e novas ainda nem surgiram.

O avanço da tecnologia formou consumidores mais experientes. Eles tinham mais recursos e informação. É nesse momento que o consumidor passa para o primeiro plano, obrigando as empresas a repensarem a qualidade do produto e a forma de se comunicarem com esse cliente.

Entretanto, assim como os cenários econômicos, esse consumidor também foi se tornando mais complexo. E, agora, o desafio das organizações é focar uma pessoa que está preocupada com meio ambiente, saúde, propósito de vida e como a marca do produto ou serviço se posiciona em relação a sua missão, visão e valores.

Esse movimento não foi e continuará não sendo linear. No entanto, a maioria das empresas seguiu o fluxo sem colocar em pauta o futuro do trabalho (que começou lá atrás), sem rever o modelo de negócio e querendo atingir esse novo cliente ainda com amarras da era industrial.

Já está mais do que claro que não existe como inovar sem mudar o mindset. As pessoas (e não os consumidores) buscam satisfação, segurança, produtos de qualidade e empresas preocupadas com o cliente. Para chegar a esse estágio, é preciso olhar para dentro, não apenas para os processos, mas, primeiramente, para a satisfação do colaborador, afinal, é ele quem opera as engrenagens da organização.

O futuro do trabalho chegou. E agora? Como criar formas de trabalhar?

Uma cultura forte atrai talentos

Inovação se faz com pessoas e não apenas com tecnologia. No entanto, para dar o próximo passo rumo ao futuro e às novas formas de trabalhar no mundo pós-pandemia, é preciso criar uma cultura organizacional forte.

Na teoria, uma cultura organizacional é o conjunto de normas e valores que norteiam o negócio, desde como os clientes, fornecedores e talentos internos são tratados até mesmo o posicionamento da empresa em relação à diversidade, às causas ecológicas e medidas adotadas durante uma situação de emergência, como em uma pandemia.

Na prática, passa também por definições de questões como benefícios trabalhistas, valores que a empresa confere a cada atividade dentro da organização, os ritos e costumes que serão difundidos na empresa, como happy hour e treinamentos, além da maneira como comunica essa cultura para o mundo.

Uma cultura forte e focada no bem-estar dos colaboradores é capaz de causar um senso de pertencimento tão grande que o time não sairá do trabalho com a sensação de "menos um dia para a aposentadoria" e é capaz de voltar no outro dia ainda mais motivado.

O treinamento deve acontecer de cima para baixo

O futuro do trabalho exige treinamentos constantes porque as mudanças acontecem em velocidade exponencial. No entanto, é comum que esse treinamento seja voltado para áreas técnicas, como desenvolvimento de produto, marketing e até mesmo vendas. Isso pode tanto acontecer por meio de uma cultura de treinamento interno, na qual um colaborador sênior faz um workshop para os juniores, como também contratar cursos online ou *in company* para o time completo.

Mas os executivos também precisam de treinamento. E, em alguns casos, são os que mais precisam, pois muitos ainda estão na era da reprodutividade técnica e da eficácia operacional, querendo inovar, mas sem mexer muito nos processos, inclusive mostrando uma certa resistência a adotar novas formas de trabalhar.

CEO da **ACE**, primeira aceleradora de startups do Brasil, Pedro Waengertner, em seu livro *A estratégia da Inovação radical: Como qualquer empresa pode crescer e lucrar aplicando os princípios das organizações de ponta do Vale do Silício*[29*], foi enfático ao afirmar que "a melhor maneira de montar um programa de capacitação para mudar a cultura organizacional é executar o programa em etapas, escolhendo alguns times por vez". Ele destaca que, para quebrar paradigmas e mudar completamente uma cultura, os líderes devem estar nas trincheiras com os liderados. É preciso fazer parte.

Reveja processos

Rever processos é fundamental para a inovação e para adotar novas formas de trabalhar, mas não é necessário abandonar tudo o que já deu resultado no passado. Empresas consolidadas que buscam o caminho da inovação e adotam medidas para abraçar o futuro do trabalho têm investido no modelo ambidestro. Ou seja, operam com um time focado em projetos inovadores e outro focado na eficácia operacional, que sempre deu resultado.

É preciso se arriscar, mas é fundamental que isso seja planejado para que a transição seja feita de forma segura.

A área de inovação não é responsável por fazer a inovação acontecer

Uma andorinha sozinha não faz verão, certo? O responsável pela inovação também não. Nesse caso, o seu papel é fazer com que os colaboradores entendam como podem contribuir para que a inovação aconteça. Pedro Waengertner explicou em seu livro que, "se quisermos que as empresas se tornem inovadoras, a área de inovação deve atuar como uma espécie de consultoria interna em vez de levar para a frente vários projetos inovadores".

---

* **Vale do Silício**: Expressão atribuída à região da Baía de São Francisco, na Califórnia, Estados Unidos, que abriga diversas startups e empresas globais de tecnologia.

Na prática, esse profissional ficará responsável por capacitar novas pessoas, compartilhando metodologias, novas formas de trabalhar e tecnologias que contribuam para a consolidação da cultura de inovação da empresa.

Toda organização também é uma empresa de mídia

Ao longo deste artigo, destaquei que o consumidor está mais complexo e informado. Contudo, na era da informação qualquer pessoa e empresa pode gerar conteúdo. Dialogue com o seu público, aliás, conheça o seu público. Vá para a rua e converse com essas pessoas, entenda as suas necessidades e encontre uma forma de se conectar ao propósito delas.

Um conteúdo produzido com qualidade e distribuído de forma eficaz pode conectar a empresa aos clientes. Pessoas se conectam com pessoas e só depois com as marcas. Portanto, pense em uma forma de tornar essa comunicação a mais humana possível. Afinal, o futuro do trabalho exige que as marcas foquem o cliente, mas desenvolvam um relacionamento em vez de empurrar produtos ou comprar a sua atenção.

LIDERAR 3

"As pessoas acreditam no líder antes de acreditarem na ideia."

John Maxwell

LIDERANÇA INOVADORA E AS HABILIDADES NECESSÁRIAS

O termo liderança inovadora está longe de ser algo novo. Contudo ganha cada dia mais espaço nas agendas das empresas, principalmente naquelas onde os gestores ainda estão aprendendo a lidar com a geração dos *Millennials* e voltam os seus esforços para engajar a equipe por meio de novas ideias.

Outro ponto que também não é novidade é que **inovação e criatividade** andam juntas e que a primeira não se trata apenas de invenção. Pelo contrário, trata-se de encontrar formas diferentes de executar atividades que já existem ou, ainda, sobre quão rápido você desaprende e reaprende a dominar novas habilidades. A liderança inovadora é capaz de envolver os colaboradores em um nível mais profundo, humanista e apaixonado.

A frase anterior é de Robert Tucker, presidente do Innovation Resource Consulting Group, no artigo que escreveu para a revista *Forbes*: "**Six innovation leadership skills everybody needs to master**[30]" (Seis habilidades de liderança em inovação que todo mundo precisa dominar, em tradução livre). Nele, o consultor listou algumas habilidades, mentalidades e ferramentas que precisam ser trabalhadas pela liderança para atingir a tão sonhada organização inovadora, que apresento a seguir:

Fomente o pensamento criativo que gera oportunidades

A inovação surge com uma série de pequenas ideias. Fique sempre alerta às possibilidades e às necessidades que não foram atendidas. Onde a equipe enxerga problemas, a liderança inovadora percebe potencial. Quando os colaboradores enfatizam os detalhes, é preciso olhar para o todo: o progresso sendo feito e a visão de como as coisas podem ser, mas ainda não são.

Confie nas novas ideias. Arrisque-se!

A inovação começa onde as suposições terminam. Na verdade, elas não passam de um bombardeio produtivo de ideias, o cérebro trabalhando ativamente para encontrar soluções para afirmações como "nós sempre fizemos assim". Cabe à liderança inovadora **desafiar as suposições dos colaboradores** e filtrar essas ideias de forma a tirar o melhor proveito delas. Quando o pensamento de que "tem de haver um caminho melhor" aparece na mente da sua equipe, lembre-se de que provavelmente esse caminho existe. Encoraje-os a imaginar o melhor meio e a experimentar novas alternativas e possibilidades.

Desenvolva empatia pelo cliente final

Busque entender o problema do cliente final e como o produto/serviço da sua empresa pode ajudar a resolvê-lo. A liderança inovadora precisa entender o negócio em que atua de forma mais profunda: ouça atentamente o que esse cliente deseja realizar, quais problemas ele enfrenta e como você e sua organização podem encarar o problema. Saia da bolha da sua cultura.

Pense proativamente e à frente da curva

Na correria do dia a dia, é muito difícil trabalhar de forma preditiva, mas é preciso se manter informado e atento para propor mudanças tão logo uma ferramenta nova chegue ao mercado. No mundo onde tudo muda o tempo todo, ganha vantagem quem está sempre **preparado para o futuro**. Assim, a liderança inovadora deve rastrear tendências sempre. Tornar essa procura em um hábito envolve olhar para o que você pode fazer proativamente para se preparar para o futuro. Ao avaliar e interpretar as mudanças relacionadas ao seu mundo, você se posiciona para transformá-las em novas oportunidades.

Pratique a criatividade encorajadora nas pessoas ao seu redor

Todo mundo tem ideias — até mesmo aquelas pessoas que não se consideram criativas —, porém, poucos sabem como fortalecer suas fábricas de ideias. Isso pode ser trabalhado de muitas formas em uma organização: mapa mental, brainstorm, reuniões descontraídas. O fato é que a liderança inovadora precisa fomentar e encorajar o pensamento criativo entre os membros da equipe. E esse exercício não deve ser feito apenas no ambiente de trabalho, mas também na vida social.

Transforme o escritório em um lugar criativo ou se esforce para buscar inspiração fora do escritório (cinema, teatro, criar uma biblioteca compartilhada dentro da empresa; por que não?). Pratique a criatividade encorajadora nas pessoas ao seu redor. Faça elogios por suas sugestões "brilhantes" e veja mais delas aparecerem.

Aprenda a vender novas ideias dentro da organização

Uma ideia inovadora geralmente traz muita resistência não apenas dos cargos de decisão, mas dos próprios membros da equipe, tão acostumados com processos que já estão dando certo. "Não se mexe em time que está ganhando" é a frase que mais ouvimos por aí. A missão da liderança inovadora é **quebrar essas objeções** e "vender a inovação" dentro da própria empresa.

Nesse ponto é essencial investir em uma boa comunicação e destacar todos os benefícios que a mudança traria para a equipe. Trabalhe muito bem os pontos de superação de obstáculos, objeções e as oportunidades que ela traria no futuro. E o pulo do gato é este aqui: se o comprador da sua ideia for orientado por números, faça um relatório cheio de gráficos e planilhas. Se for ambicioso, destaque o impacto na aceitação da marca... E não desista: transformar o mindset para a inovação leva tempo e exige paciência.

Como vender uma ideia inovadora dentro da empresa?

Como vimos até aqui, a liderança inovadora tem um papel fundamental para conduzir os novos negócios dentro de uma organização. No entanto, por mais que a capacitação do líder venha antes do processo de inovação em si, uma andorinha só não faz verão. É preciso, portanto, atrair talentos para formar uma equipe que possa fomentar novas ideias, saber filtrar o que pode se tornar um projeto e, por fim, colocá-lo no mercado. Ou seja, fazer com que a inovação aconteça, prospere e gere bons resultados para a empresa.

Como abordei no artigo "**Ambidestria organizacional: qual o caminho para a excelência operacional**", muitas empresas têm apostado em um estilo híbrido de gestão para a inovação: uma que unisse o que sempre deu resultado com ideias para novos negócios, com times distintos atuando em cada frente.

Trabalhar com essa premissa exige que a liderança inovadora (e ambidestra!) consiga montar um time diverso para conduzir essa transformação. Entretanto, por onde começar? Selecionei uma série de dicas de Pedro Waengertner, cofundador da **ACE Startups** e autor do livro *A estratégia da inovação radical*. Confira-as a seguir:

1. Monte um time inovador

A estratégia aqui não é escolher colaboradores no quadro organizacional, mas abrir um espaço para aqueles que se interessem por inovação se oferecerem para participar. Isso pode ser feito por meio de e-mails, convites, workshops sobre o tema, cafés e happy hours de networking. O objetivo é identificar quem são os ***intraempreendedores***[*] da empresa que podem fazer parte desse time inovador.

A liderança inovadora perceberá que, ao deixar a porta aberta para esses profissionais, aparecerão pessoas de todas as áreas, com habilidades e vivências diferentes. E tudo isso só tem a somar, pois, quanto mais diverso um time, mais inovadores são os processos.

2. Ajude as pessoas a fazerem parte do projeto

Muitas vezes isso significa criar uma cultura de erro e acerto. Afinal, a inovação é, por si só, uma série de experimentos para identificar qual obteve o melhor resultado antes de ir para o mercado.

Dessa forma, é fundamental deixar as ideias amadurecerem, saber motivar e proteger as pessoas, promover a autonomia e fazer com que elas se tornem cada vez mais colaborativas e empenhadas em conseguir resultados juntas.

---

[*] ***Intraempreendedor***: É a capacidade de empregados de uma empresa atuarem como empreendedores, contribuindo para o crescimento do negócio para o qual estão sendo contratados como se deles fosse.

3. Monte um pitch assertivo

Como foi destacado anteriormente, inovar é correr riscos e nem todos os **C-Levels**[*] estão preparados para isso. Assim, é fundamental montar um *pitch*[**] bem estruturado, com objetivo claro e baseado em dados.

Existem alguns tipos de *pitches* que podem ajudar a liderança inovadora a "vender" um novo projeto dentro da organização. O mais famoso deles é o *pitch* de elevador: uma conversa de um minuto com um potencial interessado, que consiga explicar o projeto e esclarecer seus objetivos e ganhos.

Uma boa ideia é fazer apresentações persuasivas, ancoradas em um bom ***storytelling***[***] e que possam convencer potenciais investidores ou tomadores de decisão em formato de um minuto, cinco, quinze ou trinta minutos. É preciso se preparar para diferentes cenários.

4. Prepare-se para contornar objeções

Estou falando de processo de venda. Todo vendedor deve ter a habilidade de contornar objeções. Mapeie os pontos que podem causar insegurança e tenha na ponta da língua qual a solução para o problema levantado.

---

[*] **C-Levels**: Termo utilizado para referenciar os executivos dos mais altos cargos de uma companhia, como *Chief Executive Officer* (CEO), *Chief Operating Officer* (COO) e *Chief Financial Officer* (CFO).

[**] **Pitch**: Expressão usada para designar a apresentação, concisa e eficiente, de um produto, ideia ou negócio.

[***] **Storytelling**: Ato de contar histórias. Estratégia de apresentação a partir do uso de uma narrativa criativa e envolvente.

Afinal, quanto mais inovador um projeto, mais arriscado ele é, e ninguém quer perder dinheiro. Dessa forma, pense em tudo o que pode ser questionado e apresente objetivos e ganhos futuros que possam contornar essas inseguranças.

Normalmente, as objeções são levantadas em possíveis falhas, reputação da empresa ou perda financeira. A liderança precisa incluir possibilidades de falha no projeto e o que deve ser feito caso algo ocorra fora do planejado.

5. Apresente ganhos claros

A liderança inovadora precisa responder a esta pergunta: "Como posso comprovar que este projeto pode trazer resultados para a empresa?" Normalmente, ela é respondida com dados, números, planilhas e projeções. Então, o responsável pelo projeto precisa fazer o dever de casa, pois, quanto mais dados levantados, mais testes feitos, mais fácil fica vender o projeto dentro da empresa.

Uma dica de Pedro Waengertner é preparar argumentos funcionais, emocionais e financeiros. Criar um **MVP** e testá-lo muitas vezes também pode ser decisivo para a aprovação de um projeto.

DNA inovador: o que não pode faltar na empresa?

A prova de que a liderança inovadora não é novidade é que já faz quase dez anos da pesquisa da Harvard Business Review (HBR) que buscou mapear qual é o segredo das organizações mais inovadoras. **The Innovator's DNA**[31] (O DNA do inovador, em tradução livre) identificou que são cinco as habilidades que distinguem os executivos mais criativos: associação, questionamento, observação, experimentação e networking. Além disso, descobriu que os empreendedores inovadores e/ou CEOs gastam 50% mais tempo nessas atividades de descoberta do que os CEOs sem histórico de inovação.

Um exercício que os autores da pesquisa disponibilizaram é passar de quinze a trinta minutos por dia escrevendo perguntas que desafiam o *status quo* da empresa. Para a liderança inovadora melhorar as habilidades de rede, o indicado é que ela entre em contato com as cinco pessoas mais criativas que conhece e pedir que compartilhem o que fazem para estimular o pensamento criativo.

No melhor dos cenários, é possível, por exemplo, convidá-las a se transformarem em uma espécie de mentoras. Caso isso não seja possível, teste com a sua equipe ou com amigos: Que tal promover encontros semanais para falar sobre ideias inovadoras ou hábitos que fomentem o pensamento criativo? Lembre-se de que criatividade e inovação andam de mãos dadas; contudo, é preciso uma série de pequenos passos até criar algo de fato.

Essa é a grande dica de Jeffrey Dyer, Hal Gregersen e Clayton Christensen, responsáveis por coletar informações de empresas inovadoras durante seis anos para gerar o citado estudo da HBR.

LÍDER DO FUTURO E AS CARACTERÍSTICAS QUE GERAM RESULTADOS

Muito já se falou sobre o líder do futuro, aquela pessoa que consegue absorver as mudanças e adaptá-las muito bem para promover resultados cada vez melhores para a empresa e seus liderados. Esse líder, no entanto, não está mais em um futuro tão distante; ele já existe em diversas organizações, especialmente nas que trilharam o caminho da inovação.

Quando se aborda sobre a cultura da inovação, destaca-se a importância da descentralização de decisões e da autonomia, dois itens essenciais para a prática de uma liderança inovadora. Em contextos mais conservadores, fica difícil imaginar um ambiente onde diversas pessoas possam resolver conflitos de uma maneira simplificada, sem burocracia. O líder do futuro prega exatamente isso: uma gestão baseada na competência e na confiança, afinal, descentralizar é reduzir tempo e ter visões diferentes sobre os processos empresariais.

É fato que, quando se comenta sobre inovação, a questão da mudança do papel do chefe tradicional, até então pouco presente e nem um pouco aberto a intervenções da sua equipe, sempre é lembrada. Percebe-se, com a evolução das organizações, a ampliação da preferência por lideranças favoráveis ao processo colaborativo e abertas ao feedback.

Afinal, quais as características do líder do futuro?

1. Equilíbrio entre o ser e o dever

Nem chefão, muito menos amigão. O líder responsável por resultados exponenciais tem uma postura equilibrada. Sabe perceber sua equipe, tem empatia (tanto em questões profissionais quanto pessoais) e propõe direcionamentos de acordo com cada pessoa e situação. O equilíbrio emocional é uma qualidade desse perfil, que precisa conviver diariamente com diversas pessoas, incentivando-as a darem o melhor de si.

2. Sem vaidade

O líder sabe dialogar com todos e está disposto a aprender. Não tem todas as respostas. Quem ocupa um cargo de liderança em uma empresa inovadora está mais preocupado em se cercar de talentos do que saber tudo.

3. Encorajador

O líder do futuro aprende constantemente, pois incentiva seu liderado a buscar sempre mais conhecimento. Com uma equipe preparada, a liderança sente-se confiante em suas decisões. Além de encorajar o aprendizado, permite um ambiente livre para questionamentos, contribuições e feedback. Inclusive a sua gestão é passível de críticas, que devem ser consideradas e respondidas sempre. A liderança não está acima dos outros, pois o próprio desenho de hierarquia não existe em organizações inovadoras.

4. Atento aos dados

Informação é tudo! Os dados mostram problemas, tendências, oportunidades. O líder do futuro é um profissional que acompanha toda a movimentação de mercado e de consumo, mudanças de comportamento dos consumidores, tendências que surgem no exterior e que podem ser adaptadas para o seu país. A habilidade de enxergar novos caminhos é outra grande qualidade desse perfil de liderança. Para isso, no entanto, ele precisa de outras habilidades importantes para colocar suas ideias em teste.

5. Dominar técnicas de resolução de conflitos

Não é só de alegrias que vive o líder do futuro. O dinamismo dos negócios e a pressão por resultados faz com que esse profissional precise lidar com problemas complexos. Conhecer métodos, como Design Thinking e metodologias ágeis, é primordial para envolver seus liderados em processos de melhorias constantes.

6. Adepto à inovação

A liderança não é feita apenas de teoria. Se a ideia é buscar a inovação, o líder do futuro deve ser uma pessoa curiosa e atenta às novidades. A tecnologia precisa fazer parte de sua rotina. Estar próximo do que o mercado oferece é estar aberto a novas soluções. Nada como ser usuário apaixonado por novas tecnologias para pensar como tal e conseguir, por fim, pensar em soluções mais próximas dos seus clientes.

Em complemento, recomendo a leitura do artigo "**8 Principles for Leaders to Make the Most of the Exponential Age**[32]" (8 princípios para líderes aproveitarem ao máximo a era Exponencial, em tradução livre) de Peter Diamandis, cofundador da **Singularity University**, considerado pela *Fortune Magazine* um dos cinquenta maiores líderes do mundo.

CULTURA ORGANIZACIONAL, LIDERANÇA E O PAPEL DO LÍDER NA CULTURA DA EMPRESA

Se antes já falávamos sobre a relevância da cultura organizacional para o crescimento de uma empresa, no momento pós-pandemia ela será quase que uma estratégia de sobrevivência! Soma-se a isso o desenvolvimento das lideranças para conduzir todas as transformações que estão por vir, tanto no dia a dia das empresas quanto no cotidiano dos clientes e dos colaboradores.

E é claro que a cultura está em pauta há tempos, afinal, com o avanço da tecnologia, foi necessário repensar as organizações para que não sofressem os efeitos da **disrupção digital**. Os números estão em vários relatórios especializados, como o "**Real World Leadership. Create an engaging culture for greater impact**[33]" (Liderança do mundo real. Crie uma cultura envolvente para ter maior impacto, em tradução livre), realizado pelo Korn Ferry Institute, que afirma que 72% dos executivos entrevistados dizem que a cultura é extremamente importante para o desempenho organizacional.

Em um momento de muitas transformações, a cultura da empresa dá o norte para a organização, possibilitando que líderes e colaboradores permaneçam alinhados, caminhando rumo ao desenvolvimento e ao crescimento no pós-normal.

Os cientistas têm chamado de "pós-normal" o período posterior à pandemia do coronavírus (Covid-19), quando as empresas ao redor do globo voltarem a operar e a vislumbrar algum cenário de estabilidade. Por isso, refletir a cultura organizacional e a capacitação da liderança nesse momento de transição deve estar no topo da lista de prioridades.

No cenário pós-normal, as empresas que se adaptarem e inovarem sairão na frente, ganhando destaque no mercado e retendo seus talentos. Portanto, apresenta-se aqui qual é a relação da cultura organizacional com a liderança e como o desenvolvimento do líder pode impulsionar a transformação e o crescimento em uma empresa.

O verdadeiro papel do líder na empresa

Antes de mais nada, é importante que o líder reconheça a importância da **cultura organizacional para a empresa** e, de fato, proporcione uma construção coletiva baseada no diálogo com a equipe. Ao apenas impor regras e não as adaptar à realidade dos funcionários, o líder estará somente replicando um modelo antigo e que, hoje, já não faz mais sentido.

Ouvir os funcionários para entender quais são as suas necessidades é fundamental para construir a cultura organizacional, tarefa que deve ser realizada com todas as áreas envolvidas. Tendo essas informações em suas mãos, as áreas poderão pensar conjuntamente em ações para desenvolver os talentos e mantê-los engajados.

Os quatro pilares do desenvolvimento de uma liderança

1. **Contexto**

    O desenvolvimento deve sempre levar em conta o momento e as atuais questões da empresa.

2. Desenvolvimento completo

As forças e as motivações individuais devem ser combinadas às necessidades organizacionais, alinhando os valores, as crenças e a personalidade da pessoa à nova cultura.

3. Tratar o desenvolvimento como uma jornada

Não basta apenas dar um treinamento ou uma palestra. É importante construir uma história repleta de experiências e desenvolvimento reunidos de maneira convincente. Assim, os líderes visualizarão uma verdadeira jornada, com começo, meio e fim.

4. Propósito bem definido

É fato que as pessoas costumam se inspirar quando há mais de um objetivo a ser seguido, mas é preciso que haja um propósito. Ou seja, o valor entregue para o cliente final é o que motiva um time. Deixando o propósito bem claro, a liderança estará pronta para promover a transformação cultural.

Ainda de acordo com o estudo do Korn Ferry Institute, as três principais estratégias que devem ser utilizadas na preparação dessa liderança inovadora são:

- Comunicação;
- Desenvolvimento de liderança;
- Incorporação da mudança cultural no objetivo de gerenciamento.

Cultura organizacional: erros que são evitados com a capacitação da liderança

1. **Não aproveitar as experiências**

   É importante que as **lideranças sejam capacitadas** também olhando para o passado, a fim de não repetirem erros cometidos. Afinal, ser resistente às mudanças e persistir em modelos antigos não é saudável para os negócios, seja em termos financeiros ou quando falamos da reputação no mercado.

2. **Não se adaptar às mudanças**

   Outra situação que é bastante comum aos líderes (e que está relacionada ao item anterior) é liderar uma empresa inovadora como se fosse uma organização tradicional. Nessa situação, é fundamental desenvolver líderes capazes de impulsionar a inovação, criando uma cultura colaborativa e orientada para o desempenho. O desenvolvimento da liderança pode ajudar a transformar a organização rapidamente e criar um ambiente no qual novas ideias e inovações possam florescer.

3. **Falta de comunicação**

   A mudança da cultura organizacional deve sempre ser bem comunicada. Isso refletirá no nível de colaboração e no desempenho da equipe e, consecutivamente, no desenvolvimento da empresa como um todo. Com o aumento da prática do trabalho remoto, ter um diálogo aberto e desenvolver a empatia com os colaboradores é ainda mais essencial do que antes.

4. Expectativas irreais

Outro ponto importante que a liderança precisa ter em mente sobre a **cultura organizacional** é que a mudança não acontece da noite para o dia. Após ser pensada e apresentada aos colaboradores, é fundamental trabalhar a implementação aos poucos, deixando bem claro os passos que serão seguidos até que o objetivo seja alcançado.

5. Não dar o exemplo

Será por meio das suas ações, comunicações e valores incorporados que os líderes darão o exemplo a ser seguido pelos demais funcionários. Caso não o faça, é normal que a mudança não aconteça conforme se esperava.

Podemos dizer que não é possível mudar uma cultura organizacional sem desenvolver os líderes para adotarem a mudança, pois o papel da liderança é criar uma cultura organizacional envolvente e que impacte a equipe. E isso, precisa acontecer por meio da capacitação.

Finalizo este tópico ressaltando que compete ao líder compartilhar a cultura organizacional entre seus colaboradores, proporcionando um trabalho em harmonia e em sintonia com a missão e os valores da empresa, favorecendo que os objetivos e as metas sejam alcançados.

TIPOS DE LIDERANÇA QUE PROMOVEM A TRANSFORMAÇÃO CULTURAL NAS EMPRESAS

As metodologias ágeis se tornaram assunto comum nas rodas de negócios, painéis, eventos e até no cafezinho. Esse modelo surgiu nas empresas de desenvolvimento de software, mas logo se tornou uma maneira de implementar um **mindset digital** nos mais diversos segmentos. A adaptação das organizações, porém, passa também por novos tipos de liderança, que vão encabeçar essas mudanças.

Mais do que adotar processos, a mentalidade ágil exige uma cultura baseada em valores, princípios e práticas que substituam a gestão focada no comando e no controle. Por isso, a **transformação precisa começar nos gestores**. Em especial nos executivos C-Level.

A seguir, você vai entender um pouco melhor quais são as características necessárias para esses líderes e quais tipos de liderança se destacarão nas empresas, além de conseguir identificar qual é o seu padrão de liderança atual e como mudá-lo, se necessário.

Três tipos de liderança para promover transformação

1. Liderança inovadora

    O primeiro perfil que costuma promover mudanças culturais nas empresas é o de **liderança inovadora**. Esses gestores costumam fomentar o pensamento criativo e valorizar aqueles profissionais que encontram novas formas de resolver problemas. Eles confiam nas novas ideias e fazem apostas, mesmo que elas tenham chances de dar errado.

Além disso, esses líderes geralmente têm uma boa capacidade de vender suas ideias (e as do seu time) para o restante da organização, com um *pitch* assertivo e dados relevantes. Assim, eles conseguem arranjar espaço para a inovação, mesmo em ambientes um pouco relutantes.

2. Liderança ambidestra

A inovação também depende de um equilíbrio entre eficiência nos serviços e flexibilidade. Afinal, a empresa precisa garantir a satisfação dos clientes e o retorno financeiro para continuar investindo na descoberta de novas possibilidades.

Para isso, existe outro tipo de gestão: a **liderança ambidestra**. Executivos com esse perfil costumam equilibrar os dois polos, refinando, selecionando e implementando o que já está dando certo ao mesmo tempo em que experimentam e alteram variáveis para encontrar formas mais eficazes de trabalhar.

Para isso funcionar, a gestão precisa priorizar o equilíbrio entre esses dois esforços, dividindo bem o tempo e as tarefas para cada um. Da mesma forma, deve ser tolerante a erros ao longo da implementação dessa nova rotina. Afinal, eles são normais e existirão.

3. Liderança ágil

Existe ainda a **liderança ágil**. Líderes desse tipo costumam trabalhar para que a metodologia ágil seja aplicada, com experimentação, decisões descentralizadas e flexibilidade. Esses executivos costumam trabalhar lado a lado com métricas precisas, utilizadas para identificar o desempenho do time e perceber quando processos podem ser otimizados.

Os indicadores, inclusive, precisam ser bem adaptados diante da realidade da empresa. Como em todo modelo de gestão, não adianta apenas replicá-los de uma organização para outra. É preciso ter clareza para interpretar dados e direcionar os esforços aos objetivos do negócio. Tudo com ambidestria, para equilibrar os resultados.

Aliás, a verdade é que os três tipos de liderança que você leu nessa lista não são excludentes. Um executivo que busca gerir bem seu time e preparar a empresa para a **transformação cultural** deve reunir características desses três perfis, assim como deve respeitar suas próprias características de gestão, adaptando aqueles comportamentos que atrapalham as mudanças na corporação.

Na sequência, você verá um pouco mais sobre tipos de liderança comuns e como eles podem se adaptar ao mindset digital para incorporar as características listadas.

4. Liderança democrática

A liderança democrática é uma das que encontra mais facilidade para se adaptar às metodologias ágeis. Afinal, esses líderes já estão acostumados a dividir decisões com o time e compartilhar responsabilidades.

Mas, se você está nessa categoria, preste atenção: essa é uma forma de gerir equipes que exige bastante das suas habilidades de comunicação. Isso porque você precisa deixar todos cientes do que acontece na empresa, além de ter de apostar em feedbacks rápidos, para que o time evolua constantemente.

5. Liderança autoritária

Por outro lado, as lideranças autoritárias são aquelas que enfrentam mais dificuldades para se adaptarem à nova mentalidade de trabalho.

Como você viu, a transformação na **cultura organizacional** passa por uma gestão mais flexível e com menos controle. Então, se você é do tipo que gosta de microgerenciamento, pode ser difícil mudar. Contudo, com a ajuda de boas métricas de acompanhamento, você pode dormir com mais tranquilidade à noite.

6. Liderança pragmática

Entre os tipos de liderança, existem ainda os líderes pragmáticos. Esses gestores costumam se dar bem em cargos de direção, pois são racionais e bastante direcionados por dados. No entanto, na cultura digital, é preciso lembrar que o foco ainda está nas pessoas.

Então, se você possui essas características, precisa focar bastante o seu time para conseguir manter o equilíbrio e inspirar os profissionais.

7. Liderança carismática

Já a liderança carismática costuma ser muito praticada. Afinal, os profissionais com essa característica se destacam por falar bem em público e ter um discurso engajador. Essas qualidades são sempre bem-vindas e inspiram muitos colaboradores, mas precisam acompanhar uma mudança real na cultura e não apenas na forma de se portar.

Em resumo, você não precisa mudar sua forma de trabalhar para promover uma transformação cultural na sua empresa. Porém, é importante estar sempre em evolução, testando e aprendendo com a sua equipe sobre as melhores formas de estabelecer essa nova dinâmica.

A AMBIDESTRIA ORGANIZACIONAL E A SUA APLICAÇÃO NAS EMPRESAS

Você, com certeza, já deve ter ouvido a expressão: "Em time que está ganhando não se mexe." Entretanto não é bem assim que funciona se você pretende ver o seu time evoluir e crescer. Esse pensamento costuma travar não só a implementação de ideias inovadoras nas empresas, mas também acaba bloqueando a criação e o planejamento de novas frentes de negócio.

Trazendo uma solução para equilibrar o que já está funcionando bem com a **necessidade de inovação,** mas sem gerar conflitos entre ambos, é que surge o conceito de ambidestria. E, com ele, as chamadas empresas ambidestras. Você sabe como elas funcionam?

Utilizando a metáfora da ambidestria humana, que é a capacidade de uma pessoa ser habilidosa tanto com o lado esquerdo como com o lado direito do seu corpo, esse conceito foi ampliado para o uso em organizações. Neste tópico é abordado o que é ambidestria, como colocá-la em prática e como a aplicação em empresas pode garantir o diferencial almejado.

Por muito tempo (e, em alguns casos, até hoje), **qualquer mudança nos processos da empresa** tinha apenas um objetivo: aprimoramento. Mantendo os processos já existentes, as equipes eram orientadas a preservá-los, implementando melhorias somente de acordo com as necessidades, acompanhando o ritmo de surgimento das novas demandas.

Essa melhoria dos processos poderia até ser confundida com inovação. Porém, não se engane. O grande intuito era somente reduzir e eliminar os erros, sem deixar de seguir as regras e os procedimentos dentro do padrão e sem desviar da rotina.

É claro que não podemos simplesmente fazer tudo diferente, afinal, muitas funções precisam seguir determinadas regras para que não ocorram problemas na entrega ao consumidor. Um médico, por exemplo, não pode simplesmente mudar um procedimento cirúrgico sem antes ter validado o novo modelo.

E isso também vale para qualquer outro tipo de atividade. Tudo precisa ser pesquisado, testado e aprovado antes de ser colocado em prática. Assim, a inovação precisa ficar por conta de uma organização que esteja a par dos processos, mas não necessariamente fazendo parte deles. Nessa organização, a liberdade para experimentação e o **espaço para a criatividade** possibilitam aos envolvidos agirem de forma autônoma, livres das estruturas preestabelecidas, tendo sua visão totalmente voltada para o futuro.

E é nessa combinação de excelência operacional e inovação que surgem as empresas ambidestras: compostas por duas frentes bem distintas, mas que possuem um grande objetivo em comum.

Na prática, funciona assim: enquanto uma área fica responsável por garantir a eficácia da operação existente, a outra abre espaço para a inovação.

Mas por que aplicar a ambidestria na minha empresa?

Nas empresas tradicionais, a flexibilização das estruturas costuma ser bem pequena, ou até mesmo inexistente. E, dessa forma, a inovação é vista, muitas vezes, como um incômodo diante da cultura organizacional que foi valorizada pela empresa ao longo de muitos anos.

Em contrapartida, **empresas com um olhar mais inovador** se destacam, trazendo soluções que, muitas vezes, os consumidores nem imaginavam precisar, mas que, com a estratégia certa, tornam-se campeãs de vendas.

Pense na ambidestria como um avião em voo. É preciso que as duas turbinas estejam funcionando adequadamente e em harmonia, isto é, enquanto uma parte mantém a qualidade, o padrão de produtividade e fica responsável por seguir entregando o que precisa ser entregue, uma outra parte cuida da inovação que traz soluções disruptivas, aumentando as possibilidades de negócios.

Benefícios dos líderes ambidestros em uma empresa

Os ganhos trazidos por uma **gestão ambidestra** são muitos e vão desde a simplificação dos processos, passando pela redução da burocracia e dos custos, até a exploração de novos negócios. Isso tudo sempre aumentando a qualidade dos produtos e/ou serviços oferecidos e, consecutivamente, a satisfação dos clientes.

Mesmo que, em um primeiro momento, a visão da organização tradicional e da área de inovação possam parecer muito distintas, é esse equilíbrio entre as duas áreas que será responsável pelo sucesso.

Veja alguns exemplos da ambidestria na prática:

USA Today

Um exemplo evidente de líder ambidestro é Tom Curley. O ex-presidente de um dos maiores diários de notícias dos Estados Unidos, o **USA Today**, conseguiu conciliar a expansão de um braço de internet enquanto promovia um grande crescimento do jornal. Observe o quanto os dois canais são diferentes, desde a velocidade de publicação até a profundidade dos conteúdos. Ambas as unidades se reportavam a ele, embora estivessem separadas tanto na questão do espaço físico quanto culturalmente.

Ball Company

Outra história de sucesso é da empresa americana **Ball Company**. A fabricante de vasilhames foi evoluindo seus produtos de acordo com as necessidades do mercado, saindo dos baldes de madeira para as jarras de vidro e das latas de metal para as garrafas de plástico. A existência de uma identidade ampla foi fundamental para que a empresa pudesse seguir estratégias opostas: explorar os produtos e serviços existentes ao mesmo tempo em que novos modelos de negócio eram pesquisados.

Martindale-Hubbell

Nesse caso, o presidente da editora de diretórios jurídicos americana **Martindale-Hubbell** — divisão da **LexisNexis** —, Phil Livingston, enfrentava um conflito entre demandas atuais e reivindicações para o futuro. A solução encontrada por ele foi expandir a identidade da organização, que passou a ser uma empresa de marketing para advogados, transformando-se na maior unidade do empreendimento.

A ambidestria como uma solução

Inovação é a palavra de ordem em qualquer segmento e setor de negócios atualmente. Mas isso acontece ao mesmo tempo em que a maioria das empresas brasileiras já possui processos muito bem estruturados, com prazos e metas definidos.

O segredo é fugir das limitações e enxergar além, explorando os novos nichos e visando sempre entregar o melhor para o cliente final, que está cada dia mais exigente. É preciso, mais do que qualquer coisa, mudar a cultura do "fazemos assim há dez anos e sempre deu certo". A ambidestria não é a única forma de implementar a inovação em uma empresa, mas certamente é um bom caminho para atingi-la.

AMBIDESTRIA E INOVAÇÃO: COMO OS DOIS CONCEITOS CONTRIBUEM PARA O FUTURO DO MERCADO

Tanto a ambidestria como a inovação e a disrupção digital obrigaram as empresas a repensarem não apenas seus modelos de negócio, mas também a forma de liderar e rever os vários processos internos. Para que isso acontecesse de forma gradual, empresas que já operavam focadas na eficácia operacional passaram a investir também em novas ideias e na diversificação dos produtos e serviços.

Na prática, organizações que investiram em ambidestria e inovação trabalham com dois tipos de inovação para entregar valor, sem onerar a empresa:

Inovação incremental: voltada para os projetos de melhorias contínuas para desenvolver os processos organizacionais sem gerar grandes impactos no **modelo de negócio**. Esse tipo de inovação é bastante utilizado para manter ou melhorar a percepção de um produto em um mercado que já existe. Ele é, portanto, mais econômico e menos arriscado.

Inovação radical ou disruptiva: é um processo mais complexo e nada discreto, uma vez que vencer a disrupção digital requer assumir riscos e estar disposto a investir um pouco mais em recursos para ter um retorno maior no futuro. Costuma redefinir a rota da empresa. Um bom exemplo de inovação radical é a clássica estratégia *"oceano azul"**, em que a empresa não precisa brigar por uma parcela de mercado, pois cria um mercado totalmente novo para comercializar seu produto e/ou serviço.

É fácil pensar que empresas investem em inovação incremental por ser mais fácil de executar e menos oneroso para as organizações. Mas a **disrupção digital** já mostrou a que veio, e é justamente por isso que quem apostou em ambidestria trabalha tanto com inovação incremental quanto radical. Como essas empresas entregam o melhor dos dois mundos, elas tendem a ser mais competitivas do que as concorrentes

Ambidestria e inovação nas vinícolas brasileiras

Referência mundial em marketing digital, autor de diversos livros sobre o tema, **Seth Godin** foi enfático ao proferir a frase: "O trabalho não é chegar ao *status quo*; o trabalho é reinventar o *status quo*." Ele fundou uma das primeiras empresas de marketing online do mundo, a Yoyodyne, que veio a vender para a **Yahoo**, da qual se tornou vice-presidente.

Se você é amante de vinhos, deve pensar que são produtos já consolidados e que não precisam de muito esforço para entregarem valor ao cliente final, correto?

Sim e não. Sim, porque de fato é um produto com boa penetração de mercado, mas, em tempos de mudanças exponenciais e disrupção, a inovação veio para quebrar as regras. Ou seja, os executivos precisam criar estratégias para continuarem competitivos no mercado sem perder de vista o ambiente altamente inovador e transformador pelo qual o mercado vem

---

* *Oceano Azul*: Refere-se a um mercado em que as empresas podem "nadar livremente", sem a pressão da concorrência. Por outro lado, quem atua em mercados saturados, "nada" em um "oceano vermelho", em referência ao sangue derramado nas guerras com a concorrência.

passando. Quem não modernizar a produção e/ou a gestão pode não mais existir em vinte anos, como vimos acontecer com várias empresas que já foram líderes de mercado.

No artigo "**Comportamento Estratégico e Ambidestria: um estudo aplicado junto às empresas vinícolas brasileiras**[34]"publicado na *Revista Brasileira de Gestão de Negócios*, pesquisadores analisaram dados de mais de 150 empresas do setor para medir o impacto da gestão ambidestra nos resultados. Entre as várias hipóteses levantadas no estudo, foi identificado que, no setor, há quem acredite nos efeitos positivos da ambidestria e da inovação nos números da empresa, mas também há os que são céticos em relação a esses ganhos.

Quem acredita na ambidestria como promotora do negócio apontou questões como:

- Os produtos e serviços que são oferecidos aos clientes são melhor caracterizados como inovadores e estão constantemente mudando e ampliando sua área de aplicação;
- Uma das metas mais importantes da empresa é a dedicação e o compromisso com a garantia de que pessoas, recursos e equipamentos necessários para desenvolver novos produtos/serviços e novos mercados estejam disponíveis e acessíveis;
- Um dos pontos que protege a empresa de outros concorrentes é o fato de ser capaz de desenvolver novos produtos/serviços e novos mercados de maneira consistente;
- Os procedimentos que a organização usa para avaliar seu desempenho são melhor descritos como descentralizados e participativos, encorajando todos os membros da organização a se envolverem.

Por outro lado, quem é reativo em relação à ambidestria e à inovação tem opiniões como as seguintes:

- O crescimento ou a diminuição da demanda se deve, muito provavelmente, à prática de responder às pressões do mercado, tendo poucos riscos;

- As competências e habilidades que os funcionários da empresa possuem podem ser melhor caracterizadas como fluidas: as habilidades estão relacionadas às demandas de curto prazo do mercado;

- O gerenciamento da empresa tende a se concentrar em atividades ou funções de negócio que mais necessitam de atenção, dadas as oportunidades ou os problemas que enfrenta atualmente.

A conclusão desse trabalho é que os gestores que olham a ambidestria e a inovação de forma positiva pensam a organização com foco na **entrega de valor para o cliente final**. Portanto, tendem a apostar em inovações incrementais para continuarem competitivas no mercado.

Já os céticos pensam a organização de dentro para fora e estão mais dispostos a atuarem de forma reativa. Ou seja, uma das metas mais importantes da empresa é a dedicação e o compromisso com a proteção contra ameaças críticas, tomando todas as iniciativas necessárias.

Não precisamos ressaltar que a percepção de investir em uma liderança inovadora e apostar em inovações, sejam elas incrementais ou radicais, são os primeiros passos para a empresa reduzir os efeitos da disrupção digital. Isso pode acontecer tanto em um mercado totalmente ligado à tecnologia, como foi o caso da Kodak e da Nokia, como também em indústrias tradicionais e com boa aceitação de mercado, como a de vinhos e outras bebidas.

O mercado cervejeiro também se transforma a cada dia

Você quer ver como não precisamos ir muito longe? O consumo de cerveja artesanal no Brasil disparou nos últimos anos. Não se precisa beber muita cerveja para perceber que, aos poucos, as gôndolas de supermercados foram tomadas por rótulos coloridos e garrafas de diferentes estilos e graduações alcoólicas. E, da mesma forma que as grandes empresas foram impactadas pelas startups de garagem, as gigantes do ramo de bebidas se viram ameaçadas por cervejeiros que começaram a produção em casa, ou em sociedade com amigos, e foram ganhando cada vez mais mercado.

Hoje, podemos ver grandes marcas apostarem em produtos puro malte, em diferentes estilos e até migrarem para diferentes tipos de produtos. Tudo isso para continuarem competitivas em seus respectivos mercados.

AMBIDESTRIA ORGANIZACIONAL E OS CAMINHOS PARA A EXCELÊNCIA OPERACIONAL

O gestor de qualquer empresa, independentemente de seu porte, deve estar atento não só aos processos internos, mas também precisa acompanhar um pouco de tudo que acontece na concorrência. Só assim será possível manter o negócio em crescimento, oferecendo produtos ou serviços que sejam competitivos no mercado.

Quem acompanha as tendências sabe que já passou do tempo em que a inovação era vista como um "algo a mais" ou um diferencial. Hoje, o investimento nessa área é quase que obrigatório para quem não quer ficar para trás. Contudo é nesse momento que surgem muitas dúvidas e equívocos: ao pensar em **criar uma estrutura,** muitas empresas acabam abandonando todos os processos antigos e deixam de tirar proveito do que já estava dando certo.

Para ajudar com esse problema, surge o conceito de ambidestria organizacional. Mas agora você deve estar se perguntando: o que é ambidestria organizacional? Como é utilizada? Quais são os benefícios?

Aqui apresento algumas respostas para essas e muitas outras perguntas.

Para entender o que é ambidestria organizacional, você precisa saber que, essencialmente, uma **empresa ambidestra** possui o foco voltado para dois pontos principais: inovação e excelência operacional.

Porém, encontrar o equilíbrio entre essas duas áreas para que ambas evoluam sem complicações é o grande desafio na maioria das empresas. Soma-se a isso a necessidade de prever também, no planejamento, quais serão os objetivos, em longo e em curto prazo, para cada projeto e acompanhar as tendências do mercado e a concorrência, sem deixar de lado as metas de vendas, é claro.

Com isso em mente, é o momento de começar a organizar a casa, definindo quais pessoas serão designadas para cada projeto, onde as pessoas serão alocadas, como os projetos serão executados e por quanto tempo.

Para compreender o que é ambidestria organizacional e como colocá-la em prática, também é preciso entender que existem diferentes caminhos. Eles dependem do **modelo de negócio** de cada empresa, do mercado e do momento econômico em que ela está inserida e também do seu estágio de desenvolvimento.

Outro ponto importante é ter em mente que, com o passar do tempo e o desenvolvimento da área de inovação, esta pode ser integrada à unidade regular da empresa, gerando mudanças na estrutura e nas equipes. Por isso, se você está pensando em implementar esse modelo de gestão no seu negócio, não deixe de considerar todas essas variáveis!

A seguir, reunimos as principais informações sobre os três diferentes modelos de gestão ambidestra que podem ser encontrados. Com eles, além de entender de uma forma melhor o que é a ambidestria e como ela pode ser aplicada, você conseguirá identificar qual deles é o mais indicado para o seu negócio.

Três formas de implementar a ambidestria organizacional

1. Ambidestria estrutural

Neste modelo, os dois projetos acontecem separadamente, mas ao mesmo tempo. As equipes, voltadas para as unidades de **eficiência e inovação**, atuam de maneiras diferentes e são lideradas de acordo com o objetivo final.

Nesse caso, é necessário também prever os momentos de integração entre as equipes para que exista a troca dos conhecimentos adquiridos ao longo do processo e também a união de aprendizados. Com as equipes em sintonia, torna-se mais fácil otimizar as entregas finais.

2. Ambidestria cíclica

A principal característica deste formato de ambidestria organizacional é a definição dos períodos em que cada projeto será priorizado. Assim, inovação e excelência receberão total atenção em momentos diferentes.

O respeito e o cumprimento dos prazos são fundamentais para que esse modelo dê certo. Por isso, é muito importante criar o planejamento visando o tempo real que será gasto em cada ciclo.

A ambidestria cíclica é o modelo de gestão mais complexo entre os três, pois, devido à quebra no modelo operacional tradicional, exige também muita **maturidade e experiência dos colaboradores**. Por outro lado, as principais vantagens são: evitar a ruptura de linhas de raciocínio e a divisão dos esforços, garantindo maior interação entre todos os membros da equipe.

3. Ambidestria simultânea

Neste modelo de gestão mais dinâmico, os processos acontecem ao mesmo tempo e na mesma unidade. A diferença dele é que existem dois líderes, cada um preparado para uma estratégia. Eles deverão tomar, conjuntamente, as decisões que envolvem tanto a produção como o desenvolvimento da empresa. Para isso, é preciso que os profissionais envolvidos conheçam bem as rotinas e os processos da empresa, **estejam constantemente informados**, estudando melhorias e testando novos produtos e serviços. Tudo isso sem deixar de lado a qualidade nas entregas obrigatórias e de rotina.

O RELACIONAMENTO DE LIDERANÇAS AMBIDESTRAS COM OS SEUS COLABORADORES NA BUSCA PELA INOVAÇÃO

Pense em uma empresa que produz um dos melhores automóveis disponíveis no mercado, o 20×20. Enquanto as vendas desse modelo são um sucesso, as equipes também estão pesquisando e testando a criação de novos modelos, mais econômicos, confortáveis, potentes, e assim por diante. Tudo isso é necessário para que a empresa se adapte às novas exigências do mercado e às necessidades dos compradores.

Mas como isso impacta na gestão da empresa e onde entram as lideranças ambidestras? Para fazer essas adaptações constantes na linha de produção, a empresa precisa ter não só estrutura e organização bem alinhadas, mas também planejamento para **colocar a ambidestria em prática.**

E isso perpassa não somente pela divisão de equipes e tarefas, mas, principalmente, pela forma como os líderes promoverão essa integração nas rotinas de trabalho. Esse é um dos motivos para implementar os conceitos das lideranças ambidestras. Apresento alguns aspectos fundamentais do relacionamento entre a liderança e os colaboradores para que a ambidestria organizacional atinja o seu objetivo: inovação e excelência.

Na prática, uma empresa ambidestra funciona da seguinte forma: enquanto a área de excelência operacional se preocupa com o refinamento, a eficiência, a seleção e a implementação daquilo que já está dando certo (o nosso 20×20), a inovação preocupa-se com a busca, a variação, a experimentação e a descoberta de novas possibilidades. Isso faz com que a **empresa lide, simultaneamente, com dois elementos** conflitantes: a eficiência e a flexibilidade.

Também é importante lembrar que existem duas maneiras diferentes de estruturar a ambidestria dentro de uma empresa. Na primeira, as equipes trabalham em unidades separadas, com lideranças diferentes que respondem à chefia.

Na segunda, todos trabalham em ambas as áreas, sem divisão de equipes, respondendo a um só líder, o qual pode permitir que cada colaborador determine, autonomamente, como dividir o seu tempo entre as duas frentes de trabalho.

Independentemente do modelo escolhido, todos os colaboradores devem ser **incentivados pela liderança** a contribuírem com novas ideias e a vivenciá-las no seu dia a dia, ao desempenharem as suas funções. Ao líder ambidestro são recomendadas as seguintes atitudes:

1. Flexibilidade

Além da motivação, que é essencial ao processo de transição para um modelo de gestão ambidestro, a abertura dos líderes influencia — e muito — no comportamento e no desempenho inovador dos colaboradores.

2. Aprendizagem

Do outro lado, trabalhando com lideranças ambidestras, o aprimoramento dos conhecimentos e das habilidades por parte dos colaboradores deve ser constante. Para equilibrar a excelência na operação e a **inovação**, os envolvidos no processo precisam desenvolver a capacidade de produzir, executar e refinar a rotina de acordo com as regras atuais. Ao mesmo tempo, é essencial conseguir conduzir um experimento, pesquisar e manipular novas orientações e rotinas.

Ou seja, não basta apenas executar suas tarefas e seguir o que é proposto pelas lideranças ambidestras. É preciso ir além, pensar em novas formas de colocar em prática o que já estava sendo feito e, principalmente, não ter receios de compartilhar suas ideias.

3. Equilíbrio das atividades

Outro ponto ao qual as lideranças ambidestras devem ter atenção é relativo às atividades da operação de excelência. Elas não devem se sobrepor às de inovação e vice-versa. O tempo empenhado em cada uma delas deve ser não só bem definido, de acordo com o planejamento e as metas para cada área, mas também cumprido da melhor forma possível.

Para isso, acima de tudo, **é preciso ter bastante disciplina**. Afinal, quem nunca dividiu as tarefas do dia e no final dele acabou percebendo que algumas delas levaram mais tempo do que o previsto?

4. Comportamento ambidestro

Já mencionei que a motivação da equipe deve estar sempre em foco quando pensamos em lideranças ambidestras. Alguns estudos mostraram que os colaboradores costumam se comportar de maneira ambidestra quando seus supervisores demonstram ser líderes ambidestros. Ou seja, que suas atitudes são planejadas para facilitar as atividades de operação e de inovação dos times, simultaneamente.

Assim, não basta apenas falar sobre ambidestria organizacional e na prática não proporcionar as condições adequadas para que os colaboradores abracem a causa. Para isso, os líderes precisam estimular uma **mentalidade inovadora**. Esse comportamento pode surgir por meio de uma comunicação eficaz, não apenas informando suas expectativas em relação ao desempenho no trabalho, mas também promovendo comportamentos positivos, criando um ambiente organizacional que ofereça suporte e motive as experiências, com tolerância aos erros durante o processo (porque eles acontecerão, como parte da experimentação).

Mas como proporcionar isso de maneira natural e eficiente? A boa qualidade das relações — baseadas no respeito e na confiança — exerce um papel fundamental nesse processo.

5. Comunicação

É bastante comum que mudanças sejam propostas em uma organização e que, certo tempo depois, observe-se que pouco foi feito ou, até mesmo, que tudo permanece como antes. Isso ocorre, em muitos casos, pela falta de comunicação ou por falhas na mensagem entre o líder e sua equipe.

Todos os envolvidos no processo precisam entender qual é o grande objetivo das mudanças e qual é o seu papel naquilo que foi planejado. Do contrário, é muito mais fácil deixar tudo como está, afinal, o comodismo pode ser bem forte em alguns ambientes.

Em resumo, para que as lideranças ambidestras alcancem o sucesso, é necessário que sejam flexíveis e ofereçam abertura aos colaboradores, favorecendo a criatividade e a geração de novas ideias. Por outro lado, é fundamental ter foco na operação tradicional, mantendo os altos níveis de eficiência e produtividade.

LIDERANÇAS INOVADORAS E EQUIPES AMBIDESTRAS FOCADAS EM CRESCIMENTO

"Mude ou morra"; "olhe para fora para obter respostas"; e "você vai ficar obsoleto se não inovar" são algumas frases que costumamos encontrar em livros e artigos sobre disrupção digital. Inclusive, nas últimas semanas, comecei a abordar o tema organizações ambidestras, mostrando que uma empresa não precisa largar a eficácia operacional conquistada em anos de trabalho para inovar. É possível, sim, criar estratégias que possam tirar o melhor dos dois mundos para experimentar novas ideias sem abrir mão do que sempre deu certo.

No entanto, por onde começar a colocar em prática o conceito de **ambidestria organizacional**? O artigo "**Ambidextrous leadership and team innovation**[35]" (Liderança ambidestra e inovação em equipe, em tradução livre), publicado no portal Emerald Insight pelos pesquisadores Hannes Zacher e Kathrin Rosing, apontou que as lideranças inovadoras antecedem o processo de inovação em si. Ou seja, é o comportamento da liderança que define como será a inovação.

Na prática, isso significa que as lideranças inovadoras são capazes de motivar os colaboradores a terem um desempenho além das expectativas, incentivando o pensamento criativo e a autonomia, que são responsáveis pela execução de processos que coloquem o cliente no centro, mantenham uma boa relação com parceiros de negócios, atuem como intraempreendedores, entre outros.

Assim como as organizações ambidestras estão focadas em manter uma parte da equipe concentrada na eficácia operacional e outra se esforçando para implementar ideias inovadoras, a liderança ambidestra também trabalha com um modelo híbrido.

É inegável que as novas ideias são combustíveis para o bom desempenho, crescimento e sobrevivência das empresas. No entanto, a inovação é resultado de fatores individuais que envolvem a habilidade cognitiva, a personalidade e a motivação de cada colaborador. Além — claro — dos fatores contextuais, os quais dizem respeito ao **tipo de liderança** e a como esses líderes organizacionais influenciam suas equipes.

Uma liderança inovadora e, portanto, ambidestra trabalha para que os colaboradores atuem em duas frentes:

1. Inovação

É aquela na qual possam ser criativos, colaborativos, engajados, estejam dispostos a correr riscos e tenham autonomia para procurar soluções alternativas para a resolução de problemas, além de abraçar a experimentação de novas ideias.

2. Processual

Aqui, a equipe tem mais aderência às regras e aos processos, está menos disposta a correr riscos e, portanto, previne-se para que eles não aconteçam, além de estar focada em atingir objetivos claros e específicos que levem à eficácia operacional.

Os pesquisadores Hannes Zacher e Kathrin Rosing entrevistaram 33 líderes de 27 escritórios de arquitetura australianos, além de seis empresas de design de interiores e seus 90 funcionários para entender como a

liderança ambidestra funcionava nessas organizações. O resultado foi que as empresas nas quais os líderes atuavam de forma ambidestra contavam com um maior grau de inovação do que as organizações onde os líderes trabalhavam apenas em umas das frentes.

Eles escolheram arquitetos e designers de interiores devido ao caráter criativo das operações, mas alertam que a criatividade não é tudo no **processo de inovação**. A implementação de novas ideias envolve também a venda desses projetos para serem disponibilizados no mercado.

Como transformar as lideranças inovadoras e a empresa para essa transição?

É comentado que a inovação é uma decorrência do perfil organizacional, dos processos, das estruturas, do modelo de liderança e de como a inovação funcionará dentro do **modelo de negócios** dependendo de como a empresa é gerenciada. Ao tratar de organizações e lideranças inovadoras, é preciso pensar que, dentro da mesma empresa, haverá um time focado na eficácia operacional e outro em colocar novas ideias em experimentação.

O ponto de partida é ter muito claro o que será mantido da estrutura tradicional e até onde vai a autonomia dos colaboradores que atuarão nos projetos de inovação. Lembre-se: um líder deve comunicar muito bem o que é esperado de cada colaborador para que possam executar suas atividades e avaliar o próprio desempenho.

Uma prova de que a divisão desses papéis é importante é que, em organizações mais tradicionais, os processos são rígidos, com pouca variação e muita consistência, justamente porque visam à eficácia operacional. Por sua vez, **empresas inovadoras** trabalham com experimentação, estão dispostas a correr riscos, mas, ainda assim, necessitam de métodos claros de trabalho.

As pessoas estão dispostas a fazer diferente, o que tende a mantê-las replicando modelos antigos são justamente as amarras organizacionais. Já deu para perceber que preparar uma organização para a ambidestria não é uma tarefa tão simples. Mas é possível, desde que haja comunicação clara e comprometimento da liderança, além de ter em mente que manter uma estrutura — e inovar ao mesmo tempo — não é algo que se obtém imediatamente.

A seguir, confira algumas dicas extraídas do livro *A estratégia da inovação radical*, para que a empresa possa atuar com os negócios atuais, com os adjacentes e os negócios complementares aos novos.

Negócios atuais:

- Reorganize os times e ajuste o modelo de trabalho;
- Comece com uma equipe pequena;
- Obtenha resultados rápidos para motivar o time e as demais áreas;
- Invista em capacitação.

Negócios adjacentes aos atuais:

- Adaptar o time à nova realidade;
- Criar uma equipe multidisciplinar;
- Medir o progresso e não o sucesso;
- Evitar burocracias corporativas;
- Organizar o time como uma startup dentro da empresa;
- Investir na formação de líderes inovadores, colocando o intraempreendedor à frente do time.

Negócios complementares aos novos negócios:

- O time focado em inovação deve estar separado dos demais;
- Avaliar a necessidade de trazer profissionais externos para compor os times;
- Desenvolver uma governança para proteger os projetos;
- Utilizar metodologias de mercado e critérios de avaliação claros;
- Medir o progresso e não o sucesso.

Por fim, para formar lideranças inovadoras e ambidestras dispostas a promover novos modelos de negócio na organização, é imprescindível conhecer bem os processos, as pessoas, o mercado, o que tem dado resultado até aqui e em quais mercados a empresa pode se lançar.

A transformação de uma empresa tradicional em uma organização ambidestra e, por fim, uma corporação inovadora é lenta, mas constante. Como vimos ao longo do texto, as lideranças inovadoras acontecem antes da inovação.

MINDSET DIGITAL E AS CARACTERÍSTICAS DA LIDERANÇA INOVADORA

Mais do que somente focar a tecnologia para realizar um processo de **transformação digital**, é imprescindível pensar no desenvolvimento do mindset digital. Para tanto, inclui-se um planejamento bem estruturado de como inserir uma nova cultura organizacional e, por sua vez, iniciar uma transição na mentalidade dos times internos e, em primeiro lugar, da liderança. Ou seja, é preciso repensar os modelos tradicionais de processos da organização. Com isso, ganha-se em flexibilidade e adquire-se uma visão global do mercado. É uma consequência da construção contínua do que se entende por modelos de negócio e da própria reestruturação das atividades realizadas pelos colaboradores.

Os líderes têm um protagonismo inevitável no caminho da disseminação do mindset digital. É preciso adotar determinadas posições e, acima de tudo, repensar conceitos antigos nos quais se baseia a liderança. Para se aprofundar nas características de um líder com *mindset* digital, apresento **iniciativas apontadas pela Gartner**[36], empresa global de consultoria e pesquisa.

1. Foco nas pessoas

    Mais do que fazer o gerenciamento do "trabalho", as lideranças com mindset digital precisam envolver as pessoas e inspirá-las a participar. É fundamental que o líder saiba qual o objetivo que quer alcançar ao propor iniciativas, mas, mais do que isso, ele deve ouvir os colaboradores desde o começo, questionando sempre qual a visão deles sobre o resultado proposto.

2. Mais segurança

É importante que no mindset digital a liderança remova inseguranças individuais e ajude o colaborador no processo de definição de qual é sua parte na missão, além de fornecer perspectivas de recompensas. Para tanto, é preciso determinar qual a natureza e o volume das tarefas que devem ser realizadas e conseguir o comprometimento das pessoas.

3. Colaboração é a chave

No mindset digital, a colaboração ganha um espaço especial na liderança. Então, é essencial ter um propósito compartilhado, o engajamento individual e coletivo e o comprometimento. O papel da liderança está em encorajar e orientar os colaboradores, individual e coletivamente, a evoluírem na direção da colaboração.

4. Compartilhamento planejado

Em ambientes verdadeiramente colaborativos, há uma segurança a partir de processos predefinidos, pois assim os líderes saberão precisamente quais decisões ou instruções deverão realizar. Também permitirá uma visão maior de quando entregar a liderança para outros e quem é a pessoa certa para cada situação.

No **plano da Gartner**[37], a liderança deve ter visão (digital, para inspirar e motivar), métricas (medir e monitorar o progresso da mudança), paciência (não esperar resultados imediatos), e implementar recursos humanos (envolvidos para monitorar e avaliar o desempenho e a reação a mudanças digitais).

E agora: a liderança está disposta a implementar o *mindset* digital, mas o que fazer? Mark Bonchek, Chief Epiphany Officer da **Shift Thinking**, que ajuda líderes e empresários a desenvolverem uma mentalidade para o sucesso na era digital, mostrou algumas fases necessárias para criar a mentalidade digital no artigo "**How to Create an Exponential Mindset**[38]" (Como criar um mindset exponencial, em tradução livre), publicado na Harvard Business Review. Destaco os pontos principais:

5. Visão e incerteza

Os modelos digitais não são lineares. Quando se começa a implementação de um mindset digital, tenha em mente que tais modelos são como uma curva. É preciso perceber que haverá uma incerteza, mas que não existe um plano passo a passo.

6. Coragem e paciência

Diversas empresas, no decorrer do desenvolvimento do mindset digital, dão o primeiro salto e iniciam a jornada, mas ainda não conseguem ver a curva. É preciso entender que tudo acontece em seu ritmo e não obedece ao senso de urgência de muitos gestores. Por isso, preste atenção quando surgir certa impaciência. É preciso coragem de perseverar.

7. Agilidade e controle

Depois da incerteza dos dias iniciais, acaba-se chegando à "curva". O crescimento acelera e nem sempre se consegue acompanhar. Por isso, nessa etapa é fundamental tentar manter o controle. Porém, nada de se sustentar em práticas antigas, saiba inovar na mobilização e no gerenciamento de recursos. Menos controle de pessoas, mais controle de princípios. É comum que os líderes estejam mais acostumados a tomar decisões do que dar poder às decisões. É essencial mudar.

O mindset digital requer preparação, incluindo abrir-se para incertezas que aparecem, inevitavelmente.

LIDERANÇA ÁGIL E SUA ATUAÇÃO MUITO ALÉM DA TECNOLOGIA

O "Manifesto Ágil" foi criado em 2001 por 17 especialistas de desenvolvimento de softwares, como Kent Beck, Martin Fowler e Jeff Sutherland. Desde então, os princípios desse acordo ultrapassaram as barreiras da engenharia de software e chegaram a empresas de diferentes segmentos por meio das metodologias ágeis, colocando livros sobre o tema na lista dos mais vendidos, transformando a forma de fazer negócios e criando uma liderança ágil, focada em crescimento.

A mentalidade ágil tornou-se uma cultura que envolve valores, princípios e práticas que, juntos, têm como missão substituir a gestão focada no comando e controle por uma liderança flexível, focada no cliente e com alto poder de adaptação.

No entanto, por mais que metodologias ágeis sejam utilizadas atualmente dentro das empresas, como o **Scrum** — que tem como foco o trabalho criativo e adaptável na solução de problemas complexos — ou o Kanban — que visa reduzir prazos e gerenciar a quantidade de trabalho em andamento —, ainda é comum que líderes evitem adotar tais metodologias porque ainda possuem uma postura ultrapassada de comando e controle. Isso nos leva a crer que colocar em prática tais metodologias exige que haja uma mudança no mindset dos executivos, principalmente dos C-Levels.

Para tanto, se uma empresa quer crescer de forma acelerada, entregar valor para o cliente e criar um ambiente que seja de fato ágil, é preciso investir em uma liderança inovadora que atinja os vários níveis de gestão da organização.

Qual a diferença entre equipe ágil e liderança ágil?

Uma equipe ágil está focada em devolver **soluções inovadoras** para ampliar o valor entregue ao cliente o mais rápido possível, utilizando ferramentas como Scrum e Kanban. Já uma liderança ágil precisa fazer com que a mentalidade e as metodologias ágeis sejam aplicadas, garantindo que as equipes ágeis sejam incluídas nos setores-chave, que haja experimentação, decisões descentralizadas e flexibilidade, mas sem perder de vista as operações que sempre garantiram a integridade dos negócios.

Uma liderança ágil exige que os executivos criem sistemas equilibrados que ofereçam, ao mesmo tempo, estabilidade e agilidade, ou seja, **atuem de forma ambidestra** ao buscarem padronizar operações e investir em inovações. Perseguir esse equilíbrio não é tarefa fácil. Além de variar de empresa para empresa, não se pode correr o risco de ficar obsoleto ao continuar replicando processos ou tornar a organização caótica ao querer mudar rápido demais.

É por isso que o primeiro passo da liderança ágil deve ser criar métricas para determinar o quão ágil a organização é, até que ponto ela pode ser e qual o tempo necessário para analisar e reavaliar se as metodologias ágeis a têm levado para o caminho correto.

E as estatísticas das aplicações das metodologias ágeis são de fato animadoras. O artigo "**Embracing Agile**[39]", da Harvard Business Review (maio, 2016), mostrou que os números podem chegar a um aumento de 50% no lançamento de novos produtos, 40% mais *leads* para o departamento de marketing e 60% a mais de candidatos recrutados pelo setor de Recursos Humanos.

No entanto, o artigo "**The Agile C-suite a new approach to leadership for the team at the top**[40]" (A C-suite Ágil, uma nova abordagem de liderança para a equipe no topo, em tradução livre), também da Harvard

Business Review (maio, 2020) — no qual este tópico é inspirado — apontou que, quando os executivos seniores de uma empresa estão focados em tornar uma organização ágil, os líderes quadruplicam o tempo gasto com estratégias e reduzem o tempo gasto no gerenciamento de operações pela metade. Por outro lado, a gestão de talentos aumenta cerca de 30% a 35%.

Tudo isso porque a mentalidade e a liderança ágil permitem que os executivos deleguem algumas de suas atividades para os seus subordinados para se concentrarem em tarefas estratégicas que somente eles podem realizar. A chave para o sucesso é que os executivos entrevistados para o artigo conseguiram perceber que uma hora gasta revisando o trabalho de gerentes operacionais experientes cria menos valor incremental do que **uma hora investida em inovação**.

O ágil exige que os executivos sejam humildes

Inovar exige aprendizado e testes constantes, e isso não é novidade. Contudo, você deve conhecer um executivo brilhante, autoconfiante, inteligente e que acha que não precisa aprender mais muitas coisas, além de estar acostumado a ditar ordens. Essa postura é contrária à **cultura de inovação**. Comunicar de forma constante e transparente, descentralizar decisões, dar autonomia para a equipe e realizar avaliações contínuas: esse é o caminho a ser trilhado por um líder inovador.

É por isso que a liderança ágil é desafiadora para os executivos, uma vez que eles precisam compartilhar todo o seu conhecimento e reforçar a confiança de cada colaborador, e não apenas para que tomem decisões sozinhos, mas também para seguirem motivados e entregando valor para os clientes.

Líderes ágeis e inovadores sabem que uma boa ideia pode vir de qualquer pessoa, criam ciclos de feedbacks constantes e se autoavaliam frequentemente para que consigam encontrar formas de **levar a equipe para outro nível**. Afinal, uma empresa é feita por pessoas e são elas que se dedicam todos os dias para que os resultados sejam atingidos.

A seguir, confira algumas dicas para tornar a liderança ágil e focada no bom relacionamento com a equipe:

1. Feedback Rápido

Não demore a dar feedbacks, principalmente quando o que está em jogo são projetos novos. Não espere as finais das *sprints* para que isso aconteça e repense as reuniões longas. Ou seja, dê feedbacks sempre que necessário e em qualquer lugar.

Mudando um pouco a forma de dar retornos sobre as atividades para os colaboradores, as tomadas de decisões tendem a ser mais rápidas e o ajuste nas atividades também. Esse ciclo de feedbacks curtos e constantes são capazes de corrigir erros e fazer com que todos operem na mesma página.

Por fim, a liderança ágil precisa deixar um canal de comunicação aberto para que os subordinados também se sintam à vontade para fazer o mesmo.

2. Compartilhamento de conhecimento

Um líder ou um executivo sênior não chegou a essa posição à toa, portanto é importante que compartilhe o conhecimento. É claro que não estou dizendo que a liderança ágil deva fazer palestras com slides ou compartilhar conhecimento de maneira *top-down*, muito pelo contrário. Como foi comentado anteriormente, executivos também têm muito a aprender e é a troca que faz com que a gestão do conhecimento dentro de uma organização seja mais rica e eficaz.

Compartilhe dicas de livros ou artigos relevantes nos canais de comunicação da empresa e crie essa cultura de troca de conhecimento. Pode ser no café, em um happy hour ou até mesmo separando um pequeno tempo na agenda dos colaboradores para que eles possam estudar sobre algo novo.

3. Otimize as reuniões

Se a ideia é aproveitar melhor o tempo para que possa sobrar cada vez mais espaço para investir em estratégia, transforme as reuniões em sessões de trabalho. A liderança ágil deve esquecer os formatos longos e sem pautas nos quais cada um fala a sua opinião e ao final não se chega a lugar nenhum.

Uma liderança ágil deve transformar uma reunião longa em uma sessão de trabalho. Nela, o foco é na decisão. Mesmo que haja conflitos e opiniões divergentes, essas reuniões devem ter uma pauta mais flexível e todos devem sair delas cientes de suas responsabilidades, prazos e qual o objetivo dessas tarefas para o bom andamento dos projetos.

À liderança ágil compete motivar seu time de forma humana e engajadora, levando em consideração que, a cada dia, as mudanças serão mais rápidas e dinâmicas, exigindo celeridade na tomada de decisão para antever prováveis problemas e identificar novas oportunidades para inovação.

CULTURA ORGANIZACIONAL INOVADORA E FLEXÍVEL

A flexibilização dos processos organizacionais aparece entre as principais tendências dos últimos anos. Mas, diante da crise causada pela pandemia do novo coronavírus (Covid-19) e das transformações pelas quais as empresas estão passando, rever a cultura organizacional para que seja mais inovadora é essencial para quem quer manter o negócio mesmo em um ambiente incerto e desconhecido.

A dinâmica que surgiu com o isolamento social no Brasil obrigou muitas empresas a se adaptarem de forma rápida. Essa agilidade colocou em situação de vulnerabilidade até mesmo as organizações que já adotavam o home office, mesmo que de forma parcial. E, com esse cenário, muitos decisores viram no trabalho remoto uma forma de manter os talentos engajados e até mesmo economizar em recursos, além de ampliar a produtividade.

Tudo isso sem contar que, ao romper a barreira física, a empresa pode contratar colaboradores do mundo inteiro, com diferentes habilidades para somar à equipe. As vantagens são inegáveis, mas, ainda assim, muitos executivos não estão prontos para dar mais autonomia para a equipe.

Por isso, neste tópico, darei algumas dicas de como operar no pós-normal e como preparar a empresa para trabalhar de forma eficiente no futuro pós-pandemia. Todos os caminhos levam à flexibilização, seja da jornada de trabalho ou dos processos internos.

Implementa-se uma cultura organizacional inovadora para reter talentos ou para aumentar a produtividade, a flexibilidade traz inúmeros benefícios, tanto para a empresa quanto para o colaborador. Tudo isso sem contar que uma cultura organizacional inovadora e flexível melhora (e muito!) a relação dos decisores com seu time.

É natural que líderes precisem de colaboradores com habilidades técnicas, que pensem de forma criativa, colaborem efetivamente e se adaptem rapidamente às mudanças. Por isso, a flexibilidade e uma relação mais próxima são necessárias para as pessoas e para o desenvolvimento dos negócios.

É evidente que a cultura organizacional inovadora é relevante para qualquer empresa. Listo aqui os principais benefícios dela:

- A cultura inclusiva busca atender às necessidades de cada indivíduo, fazendo com que os funcionários se sintam mais motivados.
- O desenvolvimento das tecnologias tem facilitado esse processo e, hoje, a tendência é que cada vez mais atividades possam ser realizadas remotamente. E seguir as tendências é chegar à frente da concorrência.
- Os recursos que eram destinados à infraestrutura no escritório podem ser realocados para outras melhorias e para a expansão dos negócios.
- O aumento da satisfação dos colaboradores e a produtividade resultante reduzem a rotatividade na empresa.

Seis passos para construir uma cultura organizacional inovadora (e como a flexibilidade ajuda nisso)

O LinkedIn listou, no "**Relatório de Tendências Globais de Talentos de 2019**[41]" os principais passos para facilitar a inclusão da cultura organizacional inovadora nas empresas. A pesquisa foi feita com base em dados comportamentais gerados pelos mais de 590 milhões de membros da plataforma, que estão presentes em mais de 200 países. Confira:

1. **Mapeie os tipos de flexibilidade**

    Realize pesquisas com a equipe para ter certeza daquilo que eles precisam. Afinal, de nada adianta oferecer a flexibilidade somente na teoria se, na prática, nenhum deles desfruta desse benefício.

    Um dos tipos de flexibilidade mais demandado é a possibilidade de trabalhar remotamente, eventualmente, mas mantendo uma mesa no escritório. Outra situação bastante solicitada é a autonomia para se afastar por algumas horas da empresa para resolver questões pessoais. Outra possibilidade é a liberdade em fazer um horário independentemente do expediente da empresa e dos demais colegas. Assim, o funcionário pode evitar o trânsito nos horários de pico ou buscar os filhos na escola, por exemplo.

2. **Estabeleça parcerias com equipes de suporte externo**

    Equipar os funcionários para viabilizar o trabalho da melhor forma possível com as tecnologias adequadas contribui com a produtividade. Além disso, otimizando o espaço do escritório para equipes semirremotas, a organização reduzirá despesas em infraestrutura.

Por isso, a gestão de dados, o acesso ao ambiente remoto da empresa, exigirá das equipes de Tecnologia da Informação (TI) que exista suporte técnico aos funcionários para utilizarem o espaço com as maiores eficiência e segurança possíveis.

3. Incentive a comunicação por meio da tecnologia

Quando a comunicação é feita apenas por e-mail, quem trabalha remotamente pode, muitas vezes, sentir-se sozinho ou deixado de lado pela empresa. Por isso, as videoconferências e os serviços de mensagens instantâneas devem ser explorados para recriar a disponibilidade que existe no trabalho presencial, já que não é possível caminhar até a mesa de outro colega para tirar dúvidas ou trocar ideias no bebedouro e durante o cafezinho. Assim, essas ferramentas tornam-se úteis não somente para a colaboração mútua como também para a criação de ideias.

4. Informe sobre a política flexível

Todas as informações a respeito da flexibilidade devem estar presentes nas descrições de cargos, durante as entrevistas com candidatos e nas reuniões de equipe, além de estarem publicadas em ambientes com acesso a todos. Compete ao líder responder e sanar as dúvidas. Esclarecer os equívocos comuns será mais fácil para manter as expectativas alinhadas, tanto as da empresa como as dos colaboradores.

5. Prepare os líderes para a flexibilidade

Não basta apenas mudar as políticas e contratar as soluções tecnológicas. Outra parte importante do processo de criação de uma cultura organizacional inovadora é a adaptação dos processos internos e da cultura vigente.

Para isso, organize treinamentos para orientar os gerentes a liderarem as equipes flexíveis. O treinamento deve se concentrar em aspectos técnicos, culturais e, principalmente, em como manter os trabalhadores remotos envolvidos não só durante a transição, mas para que essa cultura não se perca ao longo do tempo.

6. Seja flexível na flexibilidade

Você pode adaptar suas políticas de flexibilidade para atender contextos, necessidades e objetivos comuns ao ambiente em que seus colaboradores estão inseridos.

E mantenha-se atualizado. À medida que a tecnologia avança e torna a flexibilidade mais viável para uma quantidade maior de funcionários, é preciso reavaliar as políticas existentes e verificar como torná-las ainda mais inclusivas.

LIDERANÇA E INOVAÇÃO: COMO SOBREVIVER (E SE ADAPTAR) ÀS MUDANÇAS EXPONENCIAIS?

Na história da liderança e **inovação nas empresas**, há determinados momentos que são marcos. Um deles é quando a tempestade está desabando, ou seja, nas crises. Até aqui, os líderes sentem de imediato o que está acontecendo e para onde vai sua atenção. Afinal, as demandas crescentes e em ritmo acelerado são impossíveis de passarem despercebidas.

O outro marco, no entanto, é justamente quando você enxerga além das nuvens e encontra um horizonte. Não o pós-crise, mas o vislumbre dele. E mesmo na agitação, ele precisa estar lá, visível. A lição está em mais do que sobreviver, o que também é fundamental, é preparar-se para o que virá.

Cinco habilidades de liderança e inovação

O mundo pode estar de cabeça para baixo, mas você não pode paralisar. Isso não quer dizer que as dúvidas não aparecerão, pois estamos diante de um panorama com mudanças rápidas e profundas. Contudo, não tomar uma ação pode fazer com que as empresas fiquem para trás, de uma forma fatal para os negócios.

Pensando em como a liderança e inovação deve se moldar à exponencialidade, Russ Hill, Tanner Corbridge e Jared Jones, em **"5 Essential Skills to Lead Through Disruption"** (5 habilidades essenciais para liderar em meio à disrupção, em tradução livre), elencaram cinco habilidades que permitirão que as equipes se adaptem com a velocidade necessária.

1. Clareza

Em cenários de incerteza, quando ocorre uma interrupção, o que se torna indispensável para o momento é ter clareza sobre as **principais expectativas ou resultados**.

Para alcançar a clareza, é importante que as expectativas ou resultados sejam mensuráveis, significativos e memoráveis. Sem mensurar, não há como saber se a empresa chegou ou não até onde pretendia.

2. Visibilidade

Quando é preciso se adaptar com rapidez, uma das características presentes na liderança e inovação é a visibilidade. Mas o que isso quer dizer? Que os líderes estão não só mais visíveis, como também acessíveis.

A visibilidade, neste caso, está intimamente relacionada com a acessibilidade. E, se ainda assim, a aceleração não tem sido suficiente, é necessário repensar na transparência. Os líderes transparentes não retêm as informações, mas fazem com que elas saiam de dentro de sua sala.

3. Agilidade

A alta velocidade de execução, associada com adaptabilidade e ao compromisso de buscar inovação e criatividade são as características das empresas ágeis. Em períodos e mercados que enfrentam turbulência, elas vão além da sobrevivência, e encontram um espaço para prosperar.

Para uma empresa que está investindo em liderança e inovação, é importante compreender que um dos pré-requisitos da agilidade é a responsabilidade pessoal. É algo que **deve fazer parte da cultura**, onde os colaboradores estão conectados ao propósito da empresa.

4. Accountability

Quando as pessoas se veem em situações complexas e de grandes mudanças, há dois comportamentos bastante comuns: um deles é a adoção do mindset de "esperar para ver". Já o outro está vinculado com o estado de "confusão", do "diga-me o que fazer". Ambos acabam se tornando um impeditivo à velocidade.

Não há uma tradução exata ou específica para accountability, mas dentro das empresas, podemos relacionar com prestação de contas ou autorresponsabilidade, entendendo como um comprometimento do colaborador. Dentro disso, os autores trazem quatro questões que devem tornar mais claras as responsabilidades:

- Veja isso: Qual é a realidade que preciso reconhecer?
- Possua/domine isso: Como estou envolvido na solução?
- Resolva isso: O que mais posso fazer?
- Faça isso: O que preciso fazer e até quando?

5. Empatia

A empatia, dentro do contexto de liderança e inovação, tem um impacto significativo no quanto uma equipe está envolvida para atender determinadas expectativas ou resultados.

De forma resumida, a empatia pode ser descrita como a capacidade de compreender o que determinada pessoa está passando ou vivenciando a partir do seu quadro de referências. Um ponto relevante: apatia é o seu oposto.

Agora que você tem uma prévia de cinco habilidades importantes para enfrentar mudanças, pode ser que surja uma dúvida sobre "qual deve ser o meu foco?". Bom, não existe um manual. Cada caso é diferente. Entretanto, os líderes que buscam o aprofundamento e a capacitação, produzem resultados impressionantes durante o período de ruptura e em um futuro próximo de inovação.

Os líderes estão preparados para pensar no futuro?

É natural que quando as mudanças que deveriam acontecer em anos, passam a se tornar necessidades do presente, os líderes foquem somente o que está à frente. Porém, aquilo que está acontecendo agora, deve ser a base para sua avaliação de como será o **cenário que encontrará daqui alguns meses**, ou anos, assim que os desafios sejam superados.

É claro, inseguranças são perfeitamente normais, afinal, não há quem consiga ver de fato o futuro. Mas a preparação deve começar agora. **Mark W. Johnson** e **Josh Suskewicz**, recomendam que 10% a 20% da sua semana, pelo menos nos meses seguintes, devem ser utilizadas para explorar e visualizar como a empresa estará após as mudanças exponenciais. Algo que deve estar alinhado com uma visão de longo prazo.

A partir da visualização, entra a estratégia para se fazer chegar até ao futuro imaginado. Em uma ordem reversa, passa-se a estabelecer o caminho que deverá ser trilhado para chegar até lá: O que deve estar concluído? Até quando? O que é preciso aprender e adaptar?

Conforme as hipóteses são postas à prova em médio e longo prazo, a visão sofrerá ajustes. A equipe deve compartilhar dessa visão, assim como os stakeholders. Por isso, é preciso inspirar e convencer. Os líderes que passarem por isso, atendendo ao que é diário e agindo com visão, encontrarão uma empresa mais forte quando o período acabar.

LIDERANÇA DE RESULTADOS: APRENDER, ADAPTAR E ENSINAR PARA CRESCER

Pare e pense, para você, quais são as três principais características que qualquer líder precisa ter? Em princípio, eu poderia dizer que ouvir e dialogar, dar o bom exemplo e pensar estrategicamente são qualidades fundamentais para um líder, independentemente da sua área de atuação.

Porém, quando falamos do papel do líder em uma **cultura organizacional inovadora** que está voltada aos resultados, isso muda? Nas próximas páginas você saberá quais são as características de uma liderança de resultados e o que deve mover um profissional com esse perfil.

Conheça também quais pontos podem ser trabalhados para que uma liderança motive a sua equipe, entregue valor ao cliente final e possa criar um ambiente favorável ao crescimento.

O que é a liderança orientada para resultados?

A liderança de resultados é uma consequência de fatores e ações que complementam uns aos outros. Mas liderando com um propósito é possível encontrar a melhor maneira de realizar as atividades e, consecutivamente, entregar não só um produto ou serviço ao cliente final, mas sim um verdadeiro valor: o seu propósito.

Antes de levar o propósito da sua marca para os clientes, ele precisa ser compreendido por quem faz a magia acontecer: a equipe. E é aqui que entra uma **liderança orientada para resultados**.

Quais são os princípios da liderança de resultados?

1. Paixão e propósito

Ser um líder sem paixão pelo que faz ou liderar pessoas que ainda não encontraram o que as motiva é bastante difícil. Em muitos casos é impossível. O papel de um bom líder é descobrir e estimular o potencial de cada membro da sua equipe. Mas para isso, é preciso ser o exemplo.

Já o propósito diz respeito ao "porquê?". **Qual é a sua motivação** para continuar fazendo o que você faz todos os dias? Ao encontrar essa resposta, você se torna uma pessoa resiliente e com a habilidade de lidar com as muitas adversidades que surgem no dia a dia de um líder.

Não há como encontrar o seu propósito sem desenvolver seu autoconhecimento. Um bom ponto de partida é perguntar-se: "Por quê lidero essa equipe?"

2. Consistência

Quem não conhece o ditado: *faça o que digo, mas não faça o que eu faço*? Ser uma pessoa consistente é fundamental para uma liderança de resultados, pois além da credibilidade, aumenta a confiança dos liderados no propósito da empresa. Novamente cabe aqui dar o exemplo e desenvolver o autoconhecimento. É preciso observar a si mesmo para corrigir as inconsistências e falhas.

3. Empatia

A **empatia é uma obrigação para qualquer líder**, principalmente em uma liderança de resultados. Colocar-se no lugar do outro é um exercício constante e deve ser feito a partir do entendimento do ponto de vista do outro e da percepção das emoções sentidas por ele.

4. Conexão emocional

Números e metas expostos em um quadro ou tela dificilmente motivarão uma equipe. É preciso criar uma conexão emocional e, sobretudo, utilizar uma linguagem que aproxime todos os envolvidos no projeto. Aqui novamente trazemos o propósito. Por que queremos alcançar essa meta? Por que esse resultado é importante? Ao ter as motivações explícitas, as pessoas entendem a necessidade do esforço extra, além de tornarem-se mais adaptáveis às mudanças, fundamentais em uma cultura inovadora.

5. Reconhecimento

Para um desenvolvimento real e contínuo o reconhecimento é fundamental. E ele vai além dos feedbacks positivos. Uma liderança de resultados deve ver o reconhecimento também como uma forma de motivação. Assim, é **preciso reconhecer os talentos naturais** de cada membro da equipe e fortalecê-los. Isso aumenta as oportunidades tanto para o funcionário quanto para a empresa

6. Aprender a aprender

Alimentar a curiosidade e o desejo de conhecimento é outro fator bastante decisivo em uma liderança de resultados. Estar atento ao novo, questionar e visualizar as situações de diferentes perspectivas é o caminho para manter um aprendizado constante.

Aprender, adaptar e ensinar: a melhor estratégia para liderar uma equipe inovadora

Uma liderança de resultados deve saber que mais do que ser inovador, é preciso fazer com que seu produto ou serviço seja desejado pelo mercado.

Aqui é onde os princípios de uma liderança de resultados, que falamos anteriormente, encontram-se com a cultura de inovação. No capítulo 2 do livro *Audaz: As 5 competências para construir carreiras e negócios inabaláveis nos dias de hoje*, **Mauricio Benvenutti** sustenta que para liderar uma equipe inovadora não é preciso focar gigantes e profundas transformações que demandam uma grande quantidade de recursos, mas sim em atrair e motivar talentos.

Hoje, mais do que antes do período pré-pandemia, é preciso entregar valor em seus produtos e/ou serviços. Além de resolver a "dor" do cliente, eles precisam ter significado e impacto. E isso é alcançado combinando habilidades técnicas e a **criatividade dos colaboradores**.

Funciona como um ciclo: o propósito da sua empresa atrai as mentes brilhantes e elas criarão a inovação que levará você adiante, ganhando destaque na concorrência.

Aprender: para obter sucesso, as pessoas devem "precisar" do seu produto. A autoaprendizagem é fundamental aqui, pois na inovação não existe alguém que já fez isso antes.

Adaptar: de nada adianta você obter muito conhecimento sobre o seu produto, aprender tudo e mais um pouco sobre ele, mas não saber passar a mensagem certa ao seu cliente final. É preciso traduzir o aprendizado para a linguagem comum e conquistar a sua audiência ideal.

Ensinar: nesse momento você já sabe como comunicar e, finalmente, fez seu cliente entender por que o seu produto é importante. Assim, além de fazer a compra porque ele precisa do produto ou serviço, ele também entendeu o seu propósito.

Falar em crescimento e resultados durante uma crise mundial é difícil. A necessidade de reinvenção dos negócios é inadiável. E não existe uma fórmula mágica, cabe a cada empresa encontrar a próprio método de inovar para obter mais resultados.

Contudo, o que pode ser feito é **capacitar as lideranças** para aprender, adaptar e ensinar. Uma liderança inovadora precisa provocar mudanças no comportamento e nas interações da equipe. Os bons resultados são frutos do aprendizado constante.

INOVAR 4

"Inovar é causar impacto positivo na vida das pessoas."

Scott Berkun

A IMPORTÂNCIA DA MUDANÇA DE MINDSET PARA A TRANSFORMAÇÃO CULTURAL DOS NEGÓCIOS

Cultura pode ser entendida como o ato, o efeito ou o modo de cultivar algo, mas também como o complexo padrão de comportamento das instituições, das manifestações artísticas, das crenças, entre outros, que são transmitidos coletivamente e que são típicos de uma sociedade. Nas empresas, não é muito diferente: Como as organizações também funcionam como um sistema social, toda empresa conta com uma cultura.

A premissa é tão verdadeira que, ao pesquisar no Google por "empresas com forte cultura organizacional", você não apenas conhecerá quem conseguiu fazer a transformação cultural como também analisará alguns exemplos que deram certo: **Google, Zappos** e **Adobe** são cases bastante difundidos pela rede.

Essas empresas perceberam que a cultura organizacional é um dos ativos mais importantes e que só existe pela experiência de seus colaboradores. Dessa forma, uma organização com uma cultura forte tem mais facilidade para contratar, engajar e reter talentos, além de funcionar como uma propulsora do crescimento dos negócios.

No entanto, não basta investir em decoração, quadros com frases motivacionais e em criar um ambiente divertido. Existe muito trabalho entre a área de lazer e o desenvolvimento de uma empresa na qual os funcionários se sintam parte do negócio. Não é fácil, é verdade, mas a boa notícia é que essa transformação cultural é feita a partir da mudança de mindset da alta gestão.

A mudança no mindset é fundamental para promover a transformação cultural. Como já abordei anteriormente, uma transformação na cultura da empresa não é feita da noite para o dia. Negócios digitais que já nasceram com uma gestão menos hierarquizada e com o propósito de fomentar um ambiente de colaboração e criatividade têm mais facilidade a promover mudanças. Contudo, se a organização faz parte de um mercado mais tradicional e que está planejando passar por uma transformação cultural inspirada por *startups* que cresceram de forma exponencial, é preciso ter muito claro se os líderes estão preparados para sair do estado atual.

Alguns pontos para serem analisados:

- A empresa é flexível o suficiente para abraçar mudanças?
- A gestão está preparada para assumir riscos?
- A transformação cultural já está na agenda da empresa?
- Para quem pretende investir na mudança cultural para iniciar o processo de transformação digital, isso é a realidade de toda a organização ou apenas de alguns departamentos?

Essas perguntas são pertinentes porque empresas mais tradicionais e já estabelecidas cresceram com foco no controle dos custos e na eficiência operacional por meio de uma cultura baseada em confiança e excelência na entrega dos produtos ou serviços. Para que esse fluxo de trabalho funcionasse, os processos eram estáveis, consistentes e previsíveis. No entanto, quem se vê ameaçado pela disrupção digital já entendeu que não existe transformação digital sem inovação e que para isso é essencial mexer na cultura.

A transformação digital dos negócios vai contra as formas tradicionais de trabalho. Inovação, transformação cultural e digital envolvem mudanças de mindset e quebra de paradigmas. Também é sobre assumir alguns riscos que deixariam qualquer gestor que opera com a segurança do "isso sempre deu certo" em estado de alerta. Inclusive, há quem invista em uma nova iniciativa, mas, quando passa a sensação de novidade e as atividades entram no processo da empresa, não é incomum que os comportamentos da velha cultura venham à tona, afinal sempre funcionaram dessa forma.

É por isso que empresas que estão com o estágio da transformação digital bastante avançado têm culturas organizacionais mais ousadas. Nelas, os funcionários assumem mais riscos com menos burocracia, estão dispostos a colaborar uns com os outros e a entregar o melhor produto e/ou serviço no menor tempo possível. Tudo isso sem perder de vista a satisfação do cliente ou usuário.

Mas como mudar algo que está enraizado no coração da empresa? O primeiro passo é investir em comunicação. A liderança responsável por orquestrar a mudança cultural precisa ser transparente ao explicar o estágio atual, falar sobre transformação digital e contar o que aconteceu com as marcas famosas que preferiram continuar na zona de conforto.

O segundo passo é apresentar um propósito. Incluí-lo na proposta de valor da empresa e conectá-lo aos colaboradores é uma forma estratégica de não apenas fomentar a cultura da organização, mas também utilizá-la como um diferencial competitivo. A pesquisa "**Global Consumer Pulse**[42]", da **Accenture Strategy**, divulgada em março de 2019, mostrou que 83% dos brasileiros preferem comprar de marcas que defendem propósitos alinhados com os seus valores pessoais. Esses consumidores evitam empresas que se mantêm neutras. Dessa forma, comunicar o posicionamento para além dos muros da organização influencia positivamente na decisão de compra do cliente.

É claro que a transformação digital passa por várias outras etapas: repensar o modelo de negócio, adotar novas tecnologias, agregar diferenciais nos produtos e/ou no serviço, entre outras. Contudo, todas essas etapas só são possíveis depois da transformação cultural e do investimento no desenvolvimento da equipe.

A seguir, confira algumas dicas para promover a mudança no mindset da organização:

- Coloque as necessidades dos clientes dentro do negócio;
- Invista na capacitação dos colaboradores;
- Crie uma cultura baseada em dados;
- Fomente um ambiente de colaboração, onde as informações são compartilhadas livremente;
- Garanta que essas informações estejam disponíveis;
- Desenvolva uma equipe de alta performance, responsável, orientada à ação e ágil;
- Fomente uma cultura de aprendizado, na qual, além dos treinamentos, é importante que os membros da equipe aprendam uns com os outros;
- Alinhe e realinhe as expectativas sempre que necessário. Isso nutre a confiança!
- Lembre-se de garantir que a comunicação seja clara, simples e transparente.

Ressalta-se, mais uma vez, que promover uma transformação cultural não é tão simples. No entanto, é mais fácil mudar um comportamento coletivo do que um individual. É justamente por isso que a comunicação é o primeiro passo dessa empreitada. Pense na possibilidade de criar encontros quinzenais ou mensais com a equipe para alinhar expectativas, apresentar dados e compartilhar propósitos.

Um forte senso de propósito, quando compartilhado, é capaz de reduzir obstáculos e inspirar novos comportamentos.

INOVAÇÃO ORGANIZACIONAL E A CULTURA COMO O CENTRO DA ESTRATÉGIA

Quando se pensa em inovação organizacional, é natural que as primeiras referências sejam de grandes empresas, como **Google, Tesla** e outros nomes do setor de tecnologia. Aliás, é um segmento que comumente parece estar sempre se transformando. É só pensar no paradigma quebrado a partir da ideia de que trabalho agora também pode ser diversão, o que é representado, por exemplo, pelas salas de descompressão, com uma arquitetura criativa dentro do ambiente profissional. Então, talvez a inovação organizacional possa parecer algo distante da sua realidade.

A inovação organizacional, na verdade, está mais perto do que se imagina, **independentemente do tamanho da empresa**. Por outro lado, como abordado pelo especialista Chris Cancialosi, colaborador da revista *Forbes*, no artigo "**Why Culture Is The Heart Of Organizational Innovation**[43]" (Por que a cultura é a essência da inovação organizacional, em tradução livre), a inovação pode se tornar o fator-chave para que o negócio possa escalar e alcançar o sucesso em um mercado que está em constante transformação. É uma necessidade diária. O digital não para de modificar a maneira como todos trabalham. E, como relembra Cancialosi, a única constante é a mudança.

No **Vale do Silício**, como relata Vicki Huff, líder global de novos empreendimentos na **PwC**, uma das maiores empresas de contabilidade e auditoria do mundo, no artigo "**How innovation happens**[44]"(Como acontece a inovação, em tradução livre), publicado na *Strategy + Business*, muitos costumam olhar bem dentro dos seus olhos e perguntar qual o segredo da inovação organizacional. As pessoas reconhecem que lá é um polo de inovação e, por esse motivo, querem entender como é possível replicá-lo em seu ambiente de trabalho. Porém, como salienta a líder, apesar de ser um lugar de excelentes ideias, não há um monopólio global do ato de inovar. Está acontecendo em todos os lugares um movimento no qual a tecnologia dá o primeiro empurrão no modelo tradicional para dar lugar a transformações relevantes.

Não há uma ciência exata, mas uma abordagem diferenciada dos desafios diários que estão se modificando com as necessidades criadas pela tecnologia. O diferencial está na curiosidade e na capacidade de deixar a mente aberta para compreender e alcançar novos estágios de inovação. São *baby steps** que **compõem a inovação organizacional,** pois nada acontece sozinho. É preciso dar início, seja por meio de um questionamento ou por uma percepção diferenciada, cuidar e aprimorar as ideias e criar não só uma solução isolada, mas um ecossistema. Mais do que ferramentas tecnológicas, a inovação organizacional ocorre no mindset.

Em sua explicação, Chris Cancialosi traz os dados da pesquisa *Innovation Survey* 2016, realizada pela **Gartner**, empresa global de consultoria e pesquisa, sobre inovação de serviços financeiros. Nela, constata-se que a maior **ameaça à inovação** está instalada na política interna e em uma cultura organizacional que não está preparada e não aceita fracasso, ideias externas e mudanças. Além disso, enfatiza os desafios da liderança, pois muitos dos que estão comandando o barco da inovação organizacional estão apegados a crenças e comportamentos inconscientes que trazem insegurança para transformar e inovar. É preciso abraçar o desafio.

---

* ***Baby steps***: Passos de bebê, em português. Expressão utilizada para referenciar pequenas mudanças em organizações ou, ainda, os primeiros passos para a execução de uma tarefa.

Por onde começar para enxergar oportunidades e navegar nas mudanças? É necessário moldar a cultura da empresa para a inovação organizacional. E, para isso, há algumas ações primordiais:

1. **Clareza e alinhamento em relação à inovação**

   A equipe deve estar na mesma página no que diz respeito a uma definição do termo inovação organizacional. O que é ou não, como saber se deu certo ou não, esses são ótimos começos para alinhar os pontos de vista. Inovação não é apenas criar ideias e, para compreender isso, as pessoas precisam de estrutura e de uma linguagem que todos conheçam e decodifiquem.

2. **Segurança psicológica**

   Perceber, de forma realista, como o fracasso é recebido pelas pessoas da empresa. Uma cultura de culpa, vergonha e punição inibe a inovação, pois as pessoas não ficam confortáveis em cenários que fogem da total obediência. Portanto, é imprescindível criar a segurança psicológica.

3. **Incentivar o diálogo**

   De forma honesta e aberta, as pessoas devem ficar à vontade para trocarem ideias. É um estímulo que reforça os comportamentos necessários para a inovação organizacional.

4. Ir além das suposições

Deixe de seguir as regras não faladas e não determinadas que fazem parte da sua rotina. Desafie suas suposições e as regras que estabeleceu para si mesmo ao longo do tempo.

5. Diversificar

Uma equipe diversificada amplia a capacidade de inovação organizacional. Isso se deve ao conjunto variado de experiências, de origens e de perspectivas.

O ambiente, a capacitação constante e o redesenho de processos são elementos-chave da inovação organizacional.

CULTURA DE INOVAÇÃO: VOCÊ ESTÁ PREPARADO PARA ISSO?

Pare e pense: você está pronto para a cultura de inovação? Muito se tem falado sobre os louros e as agruras de **empresas inovadoras**. Não é à toa que muitas instituições fogem da inovação: o caminho tem seus pedregulhos. É preciso não só uma mente aberta, mas uma estrutura que incorpore a flexibilidade e a dinâmica dos modelos de **negócios disruptivos.** Neste texto, quero propor uma reflexão sobre profundas mudanças pelas quais empresas precisam passar para assumir uma cultura de inovação.

A inovação pode ser concreta e estar presente em um aplicativo ou na disposição de bancadas e salas de reuniões. Pode também ser abstrata, fazendo parte do ambiente, como um aroma convidativo. De qualquer jeito, a cultura de inovação é visível desde o projeto arquitetônico até a maneira como as pessoas se relacionam. No entanto, para isso acontecer, é necessário certo desprendimento. Como já comentei em alguns textos, inovação não combina com chefias isoladas, decisões arbitrárias ou comunicação de via única.

Cultura pode ser adquirida ou estar no DNA, como é o caso de startups. Quando se fala em cultura de inovação, precisamos pensar em atitudes que vão levar empresa e pessoas a um alto nível de aperfeiçoamento.

Você está pronto para:

1. **Descentralizar decisões**

   Esse é um ponto preocupante para organizações tradicionais. Como ficar tranquilo ao abrir problemas para a equipe e deixar que ela resolva? Descentralizar envolve confiança, mas, acima de tudo, competência. É claro que para a autonomia acontecer de forma efetiva e bem-sucedida, as pessoas precisam ser preparadas para desenrolar conflitos. Não é simplesmente jogar a batata quente no colo do gestor, mas identificar seu potencial para lidar com pressão e problemas e para enxergar soluções viáveis com erros calculados. Descentralizar é reduzir tempo e ter outras perspectivas.

2. **Formar (e dar autonomia a) lideranças**

   Para existir a descentralização é indispensável contar com líderes. A cultura de inovação convida os funcionários a terem um papel ativo, a contribuírem e disseminarem ideias, processos e valores da instituição. Esse espaço aberto é um terreno fértil para o surgimento de perfis de liderança. Não dá para desperdiçar um líder! Ao identificá-lo, é hora de aproveitar sua expertise para alimentar o ambiente inovador. Um líder sem ter o que liderar é um funcionário frustrado e que, possivelmente, encontrará outro lugar para brilhar. Mais importante do que formar um grande profissional, é retê-lo.

3. Comunicar de maneira ampla, constante e transparente

Foi-se o tempo da "**rádio corredor**"*. A cultura de inovação requer informação, feedback, troca de conhecimento. Equipes trabalham com mais foco quando estão conscientes do momento da instituição, dos valores corporativos, de metas e possíveis ameaças. Negócios inovadores não precisam de protocolos burocráticos para receber uma crítica ou sugestão. Os canais são abertos e, as contribuições, avaliadas constantemente. A inovação não aceita monólogo. Seja no sucesso ou na crise, ela promove o diálogo para encontrar soluções e oportunidades.

4. Realizar avaliação contínua

Se mercados mudam e padrões de gestão evoluem, como ficar no mesmo **modelo de negócio** para sempre? Inovar é uma constante. Ninguém inova uma vez e se mantém durante anos sem avaliar processos e resultados. A cultura de inovação convoca à reformulação e à criação. Também exige ação, por vezes rápida e radical. De que adianta avaliar e identificar erros sem ter condições de corrigi-los, de traçar e executar um plano de ação?

Parece difícil e realmente é, mas vale cada investimento. Vivemos um momento em que inovar não é uma opção, mas, sim, um item necessário para a sobrevivência dos negócios.

---

* ***Rádio corredor***: Expressão popular utilizada para designar as notícias, verdadeiras ou falsas, propagadas de modo informal no ambiente interno das organizações.

INOVAÇÃO E CRIATIVIDADE EM AMBIENTES FAVORÁVEIS PARA CRESCER

Como manter um ambiente de trabalho que fomenta inovação e criatividade? Anil Cheriyan, sócio-gerente da **Phase IV Ventures**, empresa de consultoria, especialista em transformação digital, **responde a essa pergunta com três dicas**: colaboração, arquitetura e cultura. Para ele, um ambiente propício para inovar deve fazer com que toda a empresa esteja compelida a colaborar, como destaca no artigo "***3 keys to innovation: Collaboration, architecture, and culture*****[45]**" (3 recursos para a inovação: Colaboração, arquitetura, e cultura, em tradução livre), publicado na The Enterprisers Project. Assim, todos fazem parte da identificação de ideias de investimento de forma ágil. Para isso, as informações recolhidas dos especialistas no assunto devem ser agrupadas no momento certo e, as soluções, apresentadas iterativamente.

Cheriyan, sobre inovação e criatividade, ressalta ainda que as empresas precisam articular com clareza qual será o plano para obter uma arquitetura de negócios e quais serão as tecnologias que representam uma visão em comum do que é desejado. Para isso, a arquitetura deve consentir um grau de flexibilidade em que parceiros internos e externos possam se **integrar ao ecossistema digital**. Sendo assim, a abertura que traz tal flexibilidade determinará que toda vez que houver uma mudança, ela será integrada a plataformas existentes. Quanto mais aberta for, maior a probabilidade de inovar e de integrar recursos.

Complementando a tríplice ensinada pelo profissional, a cultura é um dos **pilares da inovação** e da criatividade. Uma cultura de inovação fala, principalmente, sobre liderança, mindset de crescimento e um forte **desejo de mudança**. Aqui cabe uma visão interessante sobre do que se trata uma transformação cultural: é um intenso aprendizado. É aprender rápido. Não é sobre falhar, mas, sim, a respeito de fracassar rapidamente por aprender e colocar a arrogância em segundo plano. Lembrando que há formas e formas de cultura para cada situação. Quando há crises, é possível que seja necessário manter uma estrutura de comando e controle. Para inovar, é aconselhável ir para um lado mais plano e colaborativo.

Os esforços em inovação e criatividade pedem um alinhamento entre os três pontos anteriores, o que culmina na criação de um ambiente próspero para a criação dentro da empresa. Acertá-los fará com que desafios sejam superados. Mas como fazer com que isso se torne real? A partir de boas práticas.

Inovação e criatividade nem sempre têm portas abertas para circular pela empresa. No entanto, há maneiras de fazer com que isso aconteça. A reportagem "**Como manter um ambiente de trabalho inovador?**[46]", da revista *Época Negócios*, primeiro dá um alerta: não se trata apenas de escritórios coloridos e com salas de descompressão. As relações no trabalho e o ambiente estão se transformando nos últimos tempos. Estima-se que atualmente, pelo menos, metade das equipes tenham millennials entre seus componentes. O que se traduz em uma visão inteiramente nova sobre vida profissional. É um dado que já está impactando as empresas. Afinal, basta relembrar o quanto outras mudanças remodelaram o mercado. Se antes era preciso vinte anos ou mais para um negócio valer US$1 bilhão, hoje, pode levar apenas dois anos.

O surgimento de inovação e criatividade se dá, em geral, em uma estrutura menos hierarquizada. Como apresentado por uma das entrevistadas na reportagem, a superintendente de TI do **Banco Original**, Cristina Sabbag, algumas vezes uma grande ideia de um novo produto surge em uma roda de conversa, durante a hora do café. Em alguns casos, a solução pode estar na criação de redes sociais corporativas, que facilitam a comunicação da empresa com colaboradores e dão voz para os indivíduos. Então, mais uma vez, nos deparamos com a colaboração como matriz para um ambiente diferenciado e para a criação do senso de pertencimento. O resultado é o surgimento de ideias que não precisam obedecer a uma ordem fixa, passar por um supervisor, coordenador e assim por diante.

Além da comunicação, colaboração e hierarquia, existem mais perspectivas que devem ser analisadas dentro do viés inovação e criatividade. Na sequência, algumas dicas para manter e construir o ambiente ideal:

1. Capacitação de colaboradores e líderes

    Inovação e criatividade só acontecem em ambientes de aprendizado. Os cursos presenciais e online, com foco no assunto, fazem com que a equipe possa agregar saberes em seus repertórios e estimulam a troca de opiniões.

2. Mentes diversificadas

    A inovação promove trocas. Quando há pessoas diferentes construindo em conjunto, naturalmente há uma complementação de saberes e o desenvolvimento do novo.

3. Descontrair para criar

Um ambiente de inovação e criatividade deve fugir do estereótipo tradicional. Grandes ideias acontecem a qualquer momento. Portanto, estruturar ambientes e proporcionar momentos de descontração são pontos-chave.

Somando os três pilares com as dicas anteriores, será factível fazer com que a inovação e a criatividade se tornem parte do seu time profissional em um ambiente estimulante.

INOVAÇÃO NAS EMPRESAS E OS SEGREDOS DE QUEM JÁ CONSEGUIU ISSO

A inovação nas empresas traz diversas questões, como: O que os grandes líderes têm feito para alcançar o sucesso em um ambiente de criatividade e mudanças? Entender as características e as qualidades de CEOs que estão crescendo no mercado é o segredo que aqui apresento. Em seu livro *Ágeis e Inovadoras: CEOs ensinam como criar empresas de sucesso*[47], Adam Bryant, jornalista do *New York Times* e da Revista *Times*, reúne uma série de depoimentos. Separei alguns *insights*:

1. Menos e-mail, mais contato

    Em uma era de inovação nas empresas, principalmente tecnológica, nada mais natural do que usar o e-mail para falar com as pessoas ao seu redor. Porém, cabe aqui um alerta de Steve Stoute, da **Translation LLC**: cada um deve entender que é responsável por quem trabalha ao seu lado. A transparência é fundamental e, para isso, é preciso uma comunicação coerente e com clareza.

    A inovação nas empresas impede o uso de meios modernos de comunicação? Não, mas o ponto é que, ao pegar o telefone para falar com clientes ou conversar com a equipe, estamos dando um tom a uma informação. Isso servirá como um norte para entender o quão urgente é uma demanda e qual a intenção de quem fala.

    Optar pela conversa aberta reduz ruídos até mesmo no repasse de tarefas e do trabalho em equipe, evitando falhas na interpretação de um e-mail ou mensagem em um aplicativo mobile.

2. Nas boas e más horas

A inovação nas empresas é composta de **uma série de transformações**, com pontos positivos, mas também com percalços no caminho. A ativista americana Caryl M. Stern, do **Walton Family Foundation** e ex-presidente e CEO do UNICEF USA, fala sobre como o CEO precisa estar preparado para transmitir qualquer notícia, seja boa ou ruim. Além disso, há uma concordância sobre a importância de abrir um espaço na agenda em prol de uma comunicação contínua com a equipe de colaboradores. Isso acaba sendo um dos pilares da cultura corporativa.

Uma dica, dessa vez de Christopher J. Nassetta, presidente e CEO da rede de hotelaria **Hilton Worldwide,** é ter muita atenção com a maneira de transmitir uma informação, principalmente quando se deve fazer isso por diversas vezes. Para tanto, um conselho é modificar o modo de fazê-lo ou optar por uma comunicação mais breve. O principal é não deixar para depois, pois o que pode parecer corriqueiro para alguns, é relevante para outros.

3. Quanto maior o tamanho, maior a comunicação

Dez ou 10 mil funcionários: não importa a quantidade; para se ter inovação nas empresas, a comunicação não pode parar. Amy Gutmann, reitora da Universidade da Pensilvânia, aprendeu que, mesmo em uma organização com mais de 30 mil funcionários, ainda é preciso falar. Aliás, falar muito e com muita gente. Se antes a dirigente pensava que bastava comunicar uma vez, agora sabe que é fundamental ampliar as interações e fazer isso de uma forma que não se torne maçante.

Uma prática revelada pela profissional é o hábito que adquiriu de visitar salas aleatoriamente e agradecer quem havia realizado algo diferente. E, mais ainda, fazer perguntas, como: "Do que você mais tem orgulho?" São questões que revelam como as prioridades da liderança estão sendo refletidas no restante da organização.

4. Não resolver automaticamente

Quando se tem uma **cultura de inovação nas empresas**, deve-se evitar uma situação bastante comum: a solução imediata. Quando uma pessoa é promovida para um cargo de gestão, muitas vezes é por conta de sua excelência técnica, sua capacidade de ter as respostas que as pessoas procuram e que os demais não possuem. Por isso, resistir a solucionar um problema logo na primeira queixa pode ser desafiador.

A empreendedora americana **Shellye Archambeau**, ex-CEO da MetricStream, empresa de software de governança, risco e conformidade do Vale do Silício, recomenda não cuidar excessivamente do time, como uma mamãe-urso. Ser protetor e isolar sua equipe de nada ajudará. Portanto, ao continuar trazendo respostas sozinho, você privará os outros de aprenderem. Será um ciclo sem fim. Para isso, o ideal é certificar-se de que, ao se deparar com quem trouxe o desafio, você reagirá com um: "Qual sua opinião sobre o que deve ser feito? Qual abordagem recomenda adotar?" Fazer perguntas e não apenas dar soluções é a chave para o desenvolvimento.

CULTURA DE INOVAÇÃO: CRIE PROCESSOS PARA ACELERAR AS IDEIAS

Vamos direto ao ponto: cultura de inovação se faz com troca de conhecimento, comunicação clara da arquitetura do negócio, quebra de hierarquias e criação de ambientes que fomentem a criatividade. Em um primeiro momento, a resposta para a pergunta que abre este tópico parece negativa, não é mesmo? Afinal, existe algo que barre mais as ideias inovadoras do que uma série de processos para executar uma atividade? Também concordo que não.

No entanto, não é sobre os processos engessados que estamos falando. Cultura de inovação tem a ver com quebrar muros e regras, além de desenvolver um ambiente fértil para que as ideias nasçam e prosperem. E aqui estamos nos referindo a dois pontos importantes: o primeiro deles é não colocar impedimentos para que os colaboradores sugiram melhorias; o segundo é disponibilizar um espaço menos formal para que a equipe tenha liberdade e ferramentas para a criação.

Nesse caso, os processos são importantes porque não basta apenas falar para a equipe criar ideias e encher o ambiente de pufes, poltronas reclináveis, quadros para desenhar estratégias de Design Thinking e jogos. É necessário também alguém para atuar nesse meio de campo, seja oferecendo treinamentos para desenvolver novas habilidades nos colaboradores ou até mesmo fazendo uma gestão de tempo para que os autores do projeto de inovação tenham espaço na agenda para participar dos momentos de colaboração.

Empresas de diferentes segmentos estão investindo em laboratórios de inovação baseados no tripé tempo, espaço e liberdade para atingirem os objetivos traçados em seus planos de negócio. A Renault, por exemplo, além das poltronas, quadros e itens de papelaria, também incluiu impressoras 3D, máquinas de cortar a laser e utensílios de marcenaria em seus laboratórios. A ideia central é materializar uma ideia para que ela possa ser validada com a equipe antes de seguir para a implementação.

Outras empresas que investiram em laboratórios de inovação são: **Coca-Cola** e **Walmart** (varejo), *New York Times* (comunicação), **Hospital Albert Einstein** e **Johnson & Johnson** (saúde).

Mas não é preciso ser um gigante da tecnologia para criar processos que estimulem novas ideias e promovam a cultura de inovação. Empresas de grande porte têm investido nesses ambientes porque, além de se aproximarem da cultura da *lean startup*, também sofrem mais pressão do mercado para desenvolverem novos produtos e evitarem a disrupção digital.

Quem já nasceu digital e com a estrutura enxuta está mais acostumado à rotina de testes e à experimentação. Mas, independentemente do tamanho da organização, o objetivo é um só: buscar novas metodologias para que os processos sejam colaborativos, ágeis e gerem resultados.

Confira a seguir algumas dicas para tornar os processos mais colaborativos e inovadores:

1. **Utilize metodologias ágeis**

    Uma das metodologias mais conhecidas é o **Scrum**, que nada mais é do que a organização e a distribuição das muitas atividades de um projeto entre a equipe. O objetivo é colocar o projeto para rodar o mais rápido possível, com qualidade e transparência.

Não precisa de muito para se começar a utilizá-lo: um quadro ou uma ferramenta como o **Trello** são itens que ajudam a desenhar as muitas etapas.

O responsável por essa organização é o dono do projeto. É ele quem decide o time que fará parte do projeto, além de priorizar todo o *backlog* de atividades de cada *sprint*. Um *sprint* é o tempo determinado para que as equipes cumpram as tarefas e, como um dos pilares do Scrum, é a transparência; reuniões semanais e diárias são fundamentais para checar o andamento do projeto.

Se você quiser saber mais sobre o Scrum antes de implementá-lo na sua empresa, recomendo a leitura do livro: *Scrum: A Arte de Fazer o Dobro do Trabalho na Metade do Tempo*[48], de Jeff Sutherland.

2. Crie uma agenda que otimize a criação

Outra metodologia bastante difundida para tirar ideias do papel de forma rápida é o *design sprint*. Ela foi criada pelo designer e escritor americano **Jake Knapp**, um dos autores do processo *Design Sprint*, e resume o processo de criação de ideias em apenas cinco dias, mas com uma agenda inteiramente focada em responder às questões críticas, prototipagem e testes com consumidores finais.

É claro que, para que o *design sprint* dê certo, é necessário que você já tenha um time e o desafio bem definidos, além de tempo e espaço para conduzir as atividades. A agenda é a seguinte:

- **Segunda-feira**: mapeie todas as informações que levem ao produto. Provavelmente, cada membro da equipe possui uma informação diferente. Vendedores e analistas de marketing contam com informações que desenvolvedores não têm. Portanto, tenha o cuidado de montar um time diverso! Afinal, é nessa etapa que todos aprenderão sobre o problema.

- **Terça-feira**: faça esboços. Uma ideia é colocar o time para trabalhar de forma separada para focar os detalhes. Depois de rabiscar as ideias, a equipe se une para votar, ajustar e aperfeiçoar as melhores soluções encontradas.

- **Quarta-feira**: dia da decisão. Não há protótipos sem decisões. Portanto, na quarta é dia de escolher qual solução será prototipada. Aqui entram storyboard e a escolha dos participantes para os testes no final da semana.

- **Quinta-feira:** dia de respirar fundo e elaborar o protótipo em, pelo menos, oito horas de trabalho.

- **Sexta-feira**: é o dia de o protótipo ir para teste com os clientes finais. Nesta etapa, as anotações são fundamentais, já que muitas ideias darão certo e outras nem tanto. O importante é encontrar padrões e opiniões, que farão diferença na entrega do produto, e validar a ideia.

Para saber mais sobre o *design sprint* e verificar se a metodologia faz sentido para a sua empresa, recomendo a leitura do livro: *Sprint. O Método Usado no Google para Testar e Aplicar Novas Ideias em Apenas Cinco Dias*[49], de Jake Knapp.

3. Gestão de tempo para a criatividade

Duas dicas de ouro para que as ideias saiam do papel na sua empresa são: ter flexibilidade e criar espaço nas agendas dos colaboradores para participarem de projetos de inovação. Por mais que a autogestão do tempo seja uma das soft skills mais desejadas do mercado, o time não fará milagre se tiver a semana de trabalho preenchida com atividades do dia a dia.

Alguém é importante para o projeto de inovação da empresa? Traga para perto, ofereça recompensas e não esqueça de apresentar o erro como parte importante do processo.

Por fim, não se esqueça que a inovação deve ser um processo dinâmico. Quebre os muros, dissolva as hierarquias, dê liberdade para o novo e monitore. Fazendo assim, não demorará muito para a cultura de inovação se enraizar e, como consequência, os resultados começarão a aparecer.

TRÊS CARACTERÍSTICAS DE GRANDES EMPRESAS QUE DIFICULTAM A INOVAÇÃO EM PROCESSOS

Desde que as startups começaram a se tornar "unicórnios", ou seja, alcançaram uma avaliação com mais de US$1 bilhão, as grandes empresas acenderam um sinal de alerta. Uma **reportagem publicada**[50] na revista *Pequenas Empresas Grandes Negócios* apontava o Top 3 do Brasil em 2018, dentre aquelas que conseguiram tamanho sucesso: **99, PagSeguro** e **Nubank**. É mais do que uma tendência, é um movimento em franco crescimento. Para as organizações consolidadas, foi o que despertou uma busca pela inovação em processos. Em alguns casos, até bem-sucedida. Porém, em muitos deles, as áreas, a cultura e outros fatores eram tão engessados que se tornou quase impossível sair do "modo padrão".

Continuar no "modo padrão" é a melhor receita para descartar a inovação em processos. Maxwell Wessel, especialista em negócios e investimentos, Chief Learning Officer da **SAP,** previu, ainda em 2012, que grandes empresas eram mesmo ruins em inovar pelo simples motivo de que foram projetadas para serem assim. No artigo "**Why Big Companies Can't Innovate**[51]" (Por que grandes empresas não conseguem inovar, em tradução livre), publicado na Harvard Business Review, ele, inclusive, conta a história dos executivos da Gerber que, em 1974, perceberam que era preciso aumentar o crescimento da empresa. Por essa razão, pensaram no nicho de alimentação para adultos (eles trabalhavam com o público infantil). Porém, não desenvolveram uma nova linha adequada ao que era necessário para aquele mercado. Simplesmente optaram por lançar um novo selo e despacharam os produtos para uma localização diferente no mercado.

Qual o final da história da Gerber? O produto não durou três meses. No entanto, antes de criticá-los, Wessel ressalta que eles fizeram justamente o que esperavam deles: aumentaram a eficiência operacional. O especialista identifica um dos ciclos das dificuldades de inovação em processos, o que pode ser resumido quando uma empresa desenvolve um padrão organizacional que guia todas as ações para operações eficientes. Os gerentes motivam a alavancar ativos, ouvir e entender os melhores clientes etc. São práticas que garantem os ganhos, mas diminuem a capacidade de inovar e buscar sucesso. São organizações que perseguem a próxima ideia genial.

Três características que impedem a inovação em processos

Mal Sanders, Product Design Manager, alerta, no artigo "***4 reasons why companies fail to innovate***[52]" (4 razões por que empresas falham ao inovar, em tradução livre): Corra com a inovação em processos para não ser a próxima Kodak ou Blockbuster. Aliás, o profissional também afirma que todos os CEOs e líderes de grandes empresas admitem que **inovar é a chave para um futuro de sucesso**. Com isso tão claro, a questão que fica martelando é: Quais são as razões que tornam tão complexo implementar ideias inovadoras?

1. Mudança não é algo bom

É a mesma fórmula: a empresa começa como startup, "buscando". Depois, ela "encontra" e "estabelece" um modelo de negócio. Ele dará o norte para a execução e a operação. Todos os processos são criados em torno dele. É isso que faz a empresa entregar valor para seu cliente e, por esse motivo, é um modelo projetado para não ser facilmente abalado ou alterado. Aqui, muitos acabam preferindo a repetição para escalar.

O que acontece é que se apegar a padrões, não pensar em mudanças e não procurar a inovação em processos são características que farão com que o negócio se torne estático. Burocracia e inflexibilidade impedem protótipos e testes que poderiam ser complementares.

2. Motivação dentro dos mesmos padrões

Os colaboradores continuam a ser incentivados por mesmas métricas de desempenho. Assim, permanecem apenas dentro do modelo, com bônus e promoções alinhados aos KPIs tradicionais. Não é bom, financeiramente, investir em um projeto ou na inovação em processos que trazem riscos que vão além do convencional. Manter-se no "nível de segurança" garante reconhecimento e promoções.

3. Inovar não é prioridade nas decisões

Na tomada de decisões é que se vê o quanto a inovação em processos está sendo valorizada pela empresa. Os critérios utilizados para definir as prioridades devem estar acima ou ao lado do que é considerado padrão. É ótimo que todos estejam alinhados, mas devem enxergar valor similar em lançamentos e mudanças.

A boa notícia é que tudo pode ser alterado, desde que exista uma iniciativa e uma continuidade. Possuir uma equipe que promova a inovação em processos é um investimento que garantirá um retorno mais para a frente, algo que fornecerá a própria sobrevivência no mercado. **Não é preciso se tornar uma startup também**. Uma grande empresa possui particularidades que devem ser respeitadas. Na verdade, elas devem ser aproveitadas.

Tentar ser uma grande startup dentro de uma grande empresa é um caminho repleto de equívocos e que pode resultar em consequências não muito positivas. Não há motivos para uma empresa consolidada fazer isso. Para entrar no âmbito da inovação em processos, Maxwell Wessel é objetivo: "Os executivos precisam, urgentemente, reconhecer os limites nos quais estão inseridos, que são os da própria organização. A partir disso, devem fazer com que grupos e times sejam capacitados para funcionarem em torno da inovação. As metas e métricas operacionais devem ser vistas por um novo ângulo, não cabe aqui aproveitar o que vem sendo feito." **É preciso liberdade para experimentar, errar, aprender e alcançar o sucesso.**

NEGÓCIOS DISRUPTIVOS: MODELOS EFICAZES "ANTIENVELHECIMENTO"

O que faz uma empresa se manter no topo e por que algumas organizações, até então líderes em seus segmentos, não sobrevivem ao mercado atual? É certo que muitos pensarão na palavra **inovação** como resposta, afinal, é a presença da inovação que contribui para a sobrevivência de um negócio e a falta dela leva muitas organizações à falência. Essa é a palavra de ordem nos modelos de negócios disruptivos que estão dispostos a criar e recriar as formas de gestão que conhecemos.

Uma das principais contribuições dos negócios disruptivos é encarar mudanças, pequenas ou radicais, como oportunidades de melhorias ou de expansão. À primeira vista, as empresas inovadoras podem parecer ambiciosas demais, mas é o pensar grande que as motiva a buscar soluções ou, até mesmo, criá-las. Ambição é um dos atributos comuns às empresas inovadoras, segundo estudo da **Singularity University** (EUA) que compõe o livro *Organizações Exponenciais*[53]. No caso do **Google**, o seu pensar grande — ou Propósito Transformador Massivo (PTM) — é "organizar a informação do mundo".

O que os negócios disruptivos têm em comum?

Esqueça a estrutura fechada e a centralização de poder. Os **modelos de negócios** disruptivos são conhecidos como plataformas colaborativas que conectam pessoas para criarem produtos únicos e cada vez melhores. Se você já usou, por exemplo, o **Waze**, baseado em navegação por satélite, e o serviço online de hospedagem **Airbnb**, consegue perceber isso. Ambos sobrevivem da união da tecnologia com a colaboração dos usuários e oferecem aplicativos sem precedentes e com crescimento exponencial. O Airbnb viu as suas receitas aumentarem em mais de 80% a partir de 2016. O Waze, cinco anos após o seu lançamento, virou um produto Google em 2013, depois de uma negociação de quase US$1 bilhão.

Ok, estou falando de startups que já nasceram para serem inovadoras. Mas como utilizar esses modelos para reinventar padrões tradicionais? Acredito que o ponto de partida de negócios disruptivos seja a adoção de processos não lineares, afinal, o apego à hierarquia é ainda muito forte. Negócios dinâmicos precisam, também, de flexibilidade, algo complicado de se ter em estruturas conservadoras. Mas a vontade de recriar processos e de modernizar a cultura empresarial precisa vir de cima.

Para alguns, organização e controle não combinam com um ambiente não linear. Quem cobra quem ou controla horários? É realmente difícil pensar em produtividade dentro de um processo que quebra paradigmas criados há mais de duzentos anos pela era industrial. No entanto, engana-se quem pensa que os negócios disruptivos não investem em métodos eficientes de controle. Muito pelo contrário: a gestão de equipes existe e é feita em tempo real. Metas individuais, status de projetos, dados, transparência e feedback. Se tem algo que as empresas inovadoras fazem bem é organizar as suas informações, escolher os indicadores de performance (KPIs — *Key Performance Indicator*) que realmente importam e medi-los frequentemente para confirmar tendências ou mudar rotas. Eis a flexibilidade e o dinamismo sendo auxiliados pela tecnologia.

Tecnologia a serviço de negócios disruptivos

Negócios disruptivos são ***heavy users**** da tecnologia. A inovação está presente de ponta a ponta da cadeia, seja para avaliar a produtividade dos times, analisar dados (graças ao Big Data), modernizar produtos, buscar canais de distribuição ou colaboradores. Um ponto a favor dos negócios disruptivos é, sem dúvida, utilizar a tecnologia de maneira inteligente para desenvolver um produto inédito, como o iPhone, recriar mercados (Uber e Airbnb são bons exemplos disso) ou para usar o tão popular smartphone como canal, caso do Waze e de tantos outros aplicativos.

Esse é só o início da discussão sobre o mundo maravilhoso dos negócios disruptivos e das organizações exponenciais. Recomendo a leitura do artigo "**Ao encontro da disruptura**[54]", que traz a análise do estudo *Patterns of Disruption* (*Padrões da Disruptura*, em português), realizado pela **Deloitte**.

---

* ***Heavy users***: Em português, usuários extremos, que são as pessoas que utilizam com muita frequência e intensidade um certo produto ou serviço.

EMPRESAS DISRUPTIVAS E OS MODELOS DE NEGÓCIO INOVADORES

Você já se perguntou o que torna uma ideia inovadora? Ou melhor: como boas ideias podem gerar empresas disruptivas? Em 2015, o estudo "**Empreendedorismo no Brasil**[55]", realizado pelo **Instituto Brasileiro de Qualidade e Produtividade (IBQP),** com o apoio do **Sebrae**, mostrou que o Brasil possuía a maior taxa de empreendedorismo do **BRICS**[*]. Por outro lado, também temos a constatação de que muitas empresas — especialmente micro, pequenas e empreendedores individuais — não chegam ao segundo ano de atuação.

Em meio a tantas empresas criadas (em 2015, foram quase 2 bilhões, segundo o **Serasa Experian**), poucas se diferem por serem **negócios disruptivos**, como a **EduK**, considerada pela **Fast Company** a maior startup de educação do país, ou o aplicativo **iFood**, que está entre os dez maiores do mundo em número de pedidos. O que será que está faltando entre essas duas realidades brasileiras tão opostas? De um lado, crescimento do empreendedorismo ano após ano; de outro, uma taxa de sobrevivência ainda abaixo dos dois anos. Esse contraste me motivou a escrever um pouco mais sobre características de empresas disruptivas.

O que esperar de empresas disruptivas? Propósito, demanda, praticidade. Pedir um táxi e pagar a corrida pelo celular, acessar apenas um site para contratar produtos e serviços, entre muitas outras facilidades que negócios

---

[*] **BRICS**: acrônimo utilizado para designar o bloco formado pelos países Brasil, Rússia, Índia, China e África do Sul, considerados emergentes em relação ao desenvolvimento econômico.

inovadores nos trouxeram. Mas não é só tecnologia que resume as empresas disruptivas, também tem talento humano, processo consolidado, validações e remodelagem necessária.

Talentos e lideranças: de que adianta contratar o melhor profissional se ele não tem espaço ou autonomia para sugerir e aplicar novas ideias? As empresas disruptivas reúnem talentos para que eles mostrem os melhores caminhos, definam os processos mais adequados e o momento ideal de mudança. Já comentei em alguns conteúdos que isso tem a ver com a estrutura linear, a qual instituições conservadoras e hierárquicas não possuem (e da qual preferem fugir!). A inovação pede um modelo de negócio colaborativo e aberto.

Canais de feedback (com os clientes também): o ponto de destaque para esse item é uma qualidade das empresas disruptivas de não terem medo de errar. Por isso, elas abrem um diálogo construtivo com equipe interna, cliente e comunidade. Buscam essa aproximação para saber a origem de falhas, as possibilidades de melhorias — a partir dos erros — e as oportunidades de novos produtos. Enquanto corporações conservadoras se fecham para resolver crises, as inovadoras caçam soluções em diversos locais, seja no brainstorm com os funcionários ou em uma plataforma para cadastro de novas ideias.

Alinhamento de ponta a ponta: para os dois itens anteriores serem uma realidade, é preciso que gestores estejam 100% focados na causa e que repassem isso a toda a empresa. A inovação deve estar presente na estrutura física, no clima organizacional, no processo de contratação, na gestão, na avaliação etc. O alinhamento é uma parte importante para a construção da **cultura de inovação**.

Mas não basta ter ideias geniais, elas têm que sair do papel, serem viáveis e rentáveis. É por isso que trabalhamos exaustivamente com a criação de estratégias e de processos. Para terminar a conversa, gostaria de compartilhar um exemplo do que empresas disruptivas conseguem fazer. Muita gente pensa que a inovação só tem relação com algo nunca visto, mas ser inovador significa fazer diferente o que já existe, criar algo do zero ou transpor o que foi criado para outras esferas.

Veja o que caso da **Dafiti**. Quando chegou ao Brasil, em 2011, poderia ser mais uma loja virtual, mas a empresa chegou para ser o primeiro e-commerce de calçados. A partir daí, virou praticamente um shopping center virtual: multimarcas, múltiplas formas de entregas, portfólio variado. Até o provador da loja física foi para o mundo virtual, com avatar que reproduz as medidas, cor da pele, penteados e demais características do cliente. A Dafiti pensou diferente para transpor o que já existe em um centro de compras físico para o mundo online. Atualmente, é considerada uma das empresas mais inovadoras da América Latina.

Olhe ao redor e apure os ouvidos para identificar o que pode ser diferente dentro da sua empresa. Se surgir uma boa ideia, saiba que a (re)criação de um modelo de negócio é uma importante arma de testes e validações. Quem sabe não surge algo com potencial inovador?

ORGANIZAÇÕES EXPONENCIAIS SÃO SINÔNIMO DE EMPRESAS INOVADORAS

Como as **organizações exponenciais têm criado inovação** em um cenário tão ágil e repleto de mudanças? Justamente por se tratar de um modelo disruptivo. Não é fácil imaginar como elas podem existir, afinal, estamos ainda muito imersos em gestões conservadoras e que, apenas aos poucos, estão começando a procurar por ferramentas e metodologias que vão além dos livros clássicos de administração. Mas a principal resposta está no chamado propósito transformador massivo. É ele que será o responsável por assumir o timão do navio. Por sua vez, a cultura de inovação criará um ambiente que estimule mudanças e muita criatividade.

A **cultura da inovação** é um dos pilares das organizações exponenciais e, por outro lado, uma é consequência da outra. Um negócio disruptivo, que fuja de processos burocráticos ou de funções engessadas, precisa de bastante criatividade e propósito por trás. Mas como adquirir isso em uma empresa? A partir de reflexões que vão desde o relacionamento entre as pessoas até o cenário profissional. É um comportamento que se torna um exemplo e, na sequência, se transforma em inspiração. Para isso, é preciso desapego. Assim como acontece ao arrumar o armário, ao adotar uma cultura de inovação é preciso tirar teias de aranha e se desfazer das roupas que não nos servem mais.

Nesse processo de arrumação, há algumas boas práticas que podem ajudar a cultura de inovação a se disseminar, tomando conta de pensamentos, atitudes e, como resultado, modificando ambientes profissionais.

O aperfeiçoamento pode estar logo ali, em uma ação estratégica. Aqui, entram alguns itens importantes e que precisam de comprometimento da empresa. Não adianta querer ser uma das organizações exponenciais inovadoras e não adotar as seguintes propostas:

- Descentralização de decisões: autonomia nem sempre é algo que os chefes lidam com facilidade. Lembre-se de que, aqui, estamos falando de líderes;
- Formar lideranças autônomas entre os próprios colaboradores;
- Comunicação transparente, para todos e em diversos momentos. O conhecimento só se dá com confiança e trocas. Por essa razão, a informação deve ser crível e proporcionar o desenvolvimento do time;
- O processo está indo bem? Hora de reavaliar. Pode parecer sem sentido, mas a acomodação é um dos maiores inimigos da inovação. Em um mundo em que as transformações acontecem em segundos, os modelos de negócios precisam passar por processos de análise e correções de percurso a todo instante.

Quais os diferenciais das organizações exponenciais?

Nas organizações exponenciais, você pode esquecer aquele fluxo sem fim: demandas que passam de colaboradores para supervisores, depois até gestores e, talvez, consigam a atenção do CEO. Há um empoderamento do profissional. Isso funciona muito bem quando focamos a capacidade de transformação das pessoas. As mudanças são dinâmicas. Nisso é que mora um dos **destaques do crescimento exponencial**: cada um se torna parte de um crescimento que não envolve somente a empresa, mas a si próprio.

Quando as organizações exponenciais colocam o indivíduo no centro de suas preocupações, tornam os processos mais colaborativos e democráticos. Além disso, as estruturas homéricas e grandiosas de equipes não são mais uma vantagem, mas um obstáculo a ser superado. O modelo de negócio é dinâmico e, portanto, precisa de alternativas que fogem do convencional: criar redes de profissionais autônomos ou terceirizados, movimentar o ecossistema do setor, receber, de forma preditiva, as informações dos clientes.

Falhar também não é mais um problema nas organizações exponenciais. Falhar traz conhecimentos poderosos. Só erra com sabedoria quem pode testar e isso significa reduzir custos com desenvolvimento e lançamento de produtos e serviços fadados ao fracasso. Testar é um verbo que deve entrar nesse novo mindset de forma consistente. Experimentar faz com que os envolvidos consigam coletar dados de usuários betas e promover melhorias nos lançamentos, que não serão rejeitados pelo mercado. Na verdade, a maior possibilidade é de que seja gerada uma experiência satisfatória. Por qual razão? Porque antes existiram falhas e, na sequência, correções e aprimoramento. Não é o erro pelo erro, mas, sim, gerar o aprendizado ou o que se chama comumente de "*learning by doing*"*.

O que faz dessas organizações negócios disruptivos?

Arriscar não é para todos. Isso serve para inovar. Em razão disso, **as organizações exponenciais destacam-se como negócios disruptivos**. Elas sobrevivem porque acompanham a transformação digital, os novos comportamentos e conseguem, com fluidez, modificarem-se para atender o indivíduo. Agora, aqueles que nadaram, conseguiram certo lugar ao sol, mas depois tiveram que se retirar do mercado, possuem algo em comum: não acreditaram e não investiram nas inovações.

---

* ***Learning by doing***: Expressão que significa "aprender fazer".

Para simplificar, quais seriam os pontos principais dessa dupla composta por inovação e organizações exponenciais? Seguem alguns deles:

- Mudar não é motivo para medo. Independentemente do seu tamanho, as mudanças são vistas como oportunidades e não como dor de cabeça. Pensar grande é uma das motivações para mudar para (muito) melhor;

- A hierarquia perdeu seu reinado. É preciso flexibilidade, processos que não seguem uma "linha padrão" e que passam longe de fluxos conservadores;

- Gestão de equipes e controle passam longe da visão tradicional do chefe "acima de tudo", há o uso de ferramentas para tais fins, mas com flexibilidade, autonomia e agilidade, promovidas pelo suporte da tecnologia;

- Tecnologias são amigas. Nada de ficar com medo de novas tecnologias: de forma inteligente, é fundamental identificar como as soluções tecnológicas, sozinhas ou combinadas, podem otimizar, criar e inovar.

NEGÓCIOS COLABORATIVOS E AS COMUNIDADES DAS ORGANIZAÇÕES EXPONENCIAIS

Um usuário que também é desenvolvedor. Um cliente que ora é hóspede, ora anfitrião. Um fã que não só divulga espontaneamente a marca como contribui para a melhoria de plataformas. As **organizações exponenciais (ExOs)** ampliaram o conceito de cliente ao colocá-lo no centro de seus negócios colaborativos. E a segmentação do público dessas empresas é ousada a ponto de considerar e de fato alcançar mercados novos e massificados.

Talvez você não saiba, mas o app **Uber**, que você usa para ir de um lugar a outro, também é usado para entrega de comida. Alguns hospitais, inclusive, utilizam o aplicativo para melhorar o acesso à saúde, transportando profissionais que coletam exames de sangue, aplicam vacinas e outros procedimentos feitos na casa do usuário. A plataforma, que já foi uma comunidade de motoristas, hoje atrai centros de saúde e restaurantes.

No Brasil, o **Uber Eats** ainda está ganhando força e o Uber Health não chegou. No exterior, no entanto, esses dois projetos estão se fortalecendo. O interessante é ver que o Uber utiliza sua logística e seus dados para atender demandas tão diferentes — transporte de passageiros, acesso à saúde e delivery de comida —, porém altamente necessárias ao dia a dia de todos. Para isso, a plataforma conta com clientes que participam da sua evolução e que conduzem as novas soluções dentro das visões de seus mercados.

Os negócios colaborativos promovidos pelas ExOs definem muito mais do que potenciais clientes/usuários: detectam necessidades amplas e urgentes nos mercados de atuação. Isso torna essas organizações mundialmente populares e, consequentemente, elevam exponencialmente seu crescimento (de receita, de alcance e de negócios). Soma-se a isso a habilidade de construir redes de parceiros e fãs e chegamos a um **modelo de negócio** altamente participativo e dinâmico.

Negócios colaborativos: clientes, parceiros ou fãs? Ao assumirem a missão de resolver problemas de massa, as organizações exponenciais sabem que não é possível cumprir tal objetivo sozinhas, ainda mais quando seus modelos de negócios pedem dinamismo, menos custos e alcance global. Assim, resgato o início do texto, quando comentei que os usuários não são meramente clientes. Os negócios colaborativos querem mais do que isso. Querem pessoas dispostas a colaborar e com uma coisa em comum: a necessidade que precisa ser suprida.

No artigo sobre **modelagem de negócios,** comentei sobre o caso do **Slack,** espaço de colaboração online, que compartilhou uma versão piloto com diversas empresas para, a partir do feedback do seu público-alvo, chegar ao produto final. Essa aproximação permitiu a personalização das funcionalidades e a evolução do produto, pensado pelo e para o usuário. Resultado? Uma comoção que surpreendeu seus desenvolvedores e transformou a plataforma na queridinha das equipes de empresas renomadas.

Mas o que ganhamos com esse tipo de modelo de negócios? Produtos e serviços cada vez mais próximos da nossa realidade ou de realidades que ainda vamos viver. E o que leva um usuário a fazer parte de uma plataforma?

Pode ser uma interface com **gamificação***, um sistema de recompensas ou simplesmente admiração. Essa admiração, que transforma os clientes em fãs, é construída desde o início, com desenvolvimento a partir do usuário, feedback constante, personalizações e soluções que acompanham a evolução do público no uso das tecnologias.

Também é visando formar uma comunidade de fãs que os negócios colaborativos buscam parcerias relevantes e indispensáveis para o funcionamento de seus sistemas. É a inovação por meio de pontes entre pontos aparentemente desconexos. Exemplo do **Waze** + GPS + dados de usuários + smartphones + desenvolvedores de apps + laboratórios de ideias. Quanto mais participação, mais valioso o produto/serviço se torna. Quanto mais unimos pontos diferentes, mais inovadores nos tornamos.

Sabemos que o ecossistema criado por negócios colaborativos só é possível com a adoção da tecnologia, que permite processos automatizados e escaláveis. Afinal, não poderíamos imaginar um Google feito a partir de coletâneas da enciclopédia Barsa. Para pensar grande, precisamos de novas ferramentas, conquistadas graças à inovação.

Concluo trazendo uma questão para refletir: O que tecnologia e uma comunidade de fãs podem fazer pela sua empresa para ela alcançar um modelo de negócio exponencial?

---

* **Gamificação** ou *gamification*, em inglês, é o uso das características e preceitos de jogos para motivar comportamentos, engajar e facilitar o aprendizado de pessoas em situações reais, do dia a dia.

PROCESSOS INOVADORES E AS RAZÕES PARA FAZER ISSO

Criar processos inovadores tem sido considerado solução para as maiores dores de todas as empresas. Mas será que é sempre assim? Certamente, investir em criatividade trará benefícios enormes. No entanto, as respostas podem ser mais complexas: há um passo anterior ao da inovação. Por exemplo, é fundamental um RH disruptivo, que pense adiante e tenha conhecimentos especializados. Do outro lado, é igualmente primordial ter aquilo que se considera a base: desenvolvimento e progressão de carreiras, aperfeiçoamento dos profissionais, **treinamentos para lideranças**, entre outros.

Agora, nada impede que o básico tenha um diferencial da empresa. É preciso avaliar quando processos inovadores precisam ser colocados em prática de uma forma brusca ou de maneira fluida. Entretanto, para entender mais sobre o assunto, é interessante conhecer o desenvolvimento de um processo criativo, como o descrito por Roger von Oech em "**The Seven Steps of the Creative Process**[56]" (Os sete passos para o processo criativo, em tradução livre).

Os sete passos fundamentais de processos inovadores

A inovação e a criatividade são ótimas amigas, tanto que muitos chegam a confundi-las, de tão próximas que estão. Afinal, para inovar, é necessário sair dos padrões e deixar de fazer aquilo que todos fazem. Como Paul Arden, autor de vários livros sobre publicidade, explica no livro *Tudo o que você pensa, pense ao contrário*[57]: A ousadia de fazer diferente, de colocar a criatividade em prática, mesmo que isso desafie o que os concorrentes estão utilizando, pode trazer uma recompensa significativa. Ou seja, ser realmente bom e se tornar referência em seu segmento tem como pré-requisito um ponto: questionar o que é feito e não seguir o fluxo.

Um dos casos contados por Paul Arden — aplicado na publicidade — **descreve uma situação que ocorreu um pouco antes da queda do Muro de Berlim**[58]. Na ocasião, o executivo Paulo Cowan, de uma agência de comunicação, trouxe a ideia: "Vamos colocar um cartaz do outro lado." Na época, a questão era "ok, incrível, mas onde conseguirá arrumar dinheiro para tanto?" O profissional disse que tinha suas economias e que simplesmente "faria". Bom, ele foi lá e fez. E virou notícia mundial. O cartaz dizia: "*Saatchi & Saatchi first over the wall.*" (literalmente, os primeiros por cima, através do muro). Depois disso, abriu sua própria empresa. De acordo com Arden, é o que os melhores fazem.

Para ser um dos melhores, foi preciso inovação e ousadia. Dentro dos processos criativos, **Roger von Oech descreve sete passos**. Trata-se de áreas que constituem o processo desde a fase inicial, onde está sendo germinado, até um momento mais prático, quando já há avaliação e processamento consciente, embora não necessariamente linear. Por isso, a ordem descrita pode não ser exatamente semelhante; um dos passos pode tomar o lugar do outro ou ser trocado dentro da sequência.

Na fase considerada germinativa, estão os cinco primeiros passos:

1. Motivação

Desejo grande de ser criativo e, com isso, gerar a energia motivadora.

2. Pesquisa

Aqui a pessoa ou a empresa começa a coletar informações: é a hora da exploração.

3. Afinidade

Quando ideias e recursos são colocados em convergência e, assim, são eliminadas algumas suposições e hipóteses.

4. Incubação

Dar um passo para trás do problema, após dedicar-se a ele, e deixar a cargo do subconsciente. Assim, é possível alcançar perspectivas e a ideia crescerá. Isso pode atrasar a aplicação de ações, mas potencializar os processos inovadores.

5. Iluminação

Não existe tempo marcado para os processos inovadores surgirem. Uma boa ideia pode aparecer em diferentes cenários. Por isso é tão importante registrá-las e começar a reconhecer qual parte do dia é seu "instante criativo".

Já na fase prática se encontram as últimas etapas:

6. Avaliação

Independentemente de as ideias alcançarem um patamar de perfeição, aqui se tomam decisões para implementar processos inovadores.

7. Ação

Aqui os processos inovadores precisam ser complementados e aplicados.

Quando vale a pena investir na inovação dos processos?

Inovar e ser criativo é incrível. Trazer a empresa para o centro das atenções, positivamente, e ser um profissional pioneiro são duas conquistas que devem ser valorizadas. Porém, para conseguir tal mérito, é vital saber reconhecer se há bases que sustentem a geração e a aplicação de processos inovadores. Sendo assim, é preciso manter um olho na fidelização do cliente, mas sem perder o *timing* de mercado. Como ao dar continuidade com determinadas formas, sensações, gostos, cheiros e características que tornam seu produto ou serviço carro-chefe diferenciado, **mas repaginando de forma sutil, sem perder o conceito.**

Vale também para **processos inovadores internos**. Se algo dá muito certo entre os colaboradores, não é preciso retirar isso deles repentinamente, mas ir acrescentando otimizações que conquistem o engajamento de cada um. Com essa base formada e um público predisposto a aceitar um processo criativo e implementá-lo, aí sim é a ocasião para investir com força total. Então, gere ideias, processe, avalie e aplique. Olhe para fora da empresa, porém jamais se esqueça de olhar para dentro e ver o que está "pronto" para ser aperfeiçoado.

CULTURA DA INOVAÇÃO E O PREPARO PARA A DISRUPÇÃO DIGITAL

Cada vez mais os termos disrupção digital e cultura de inovação tornam-se um denominador comum em empresas de sucesso. Na prática, os dois estão absolutamente conectados, sendo um a base para o outro. O futuro — um que não está tão longe assim — tem se mostrado promissor para quem vem adotando modelos que prezam por ambos, mas o que eles significam dentro da realidade dos negócios? Primeiro, é preciso entender como a disrupção digital está provocando inúmeras mudanças em formatos já consolidados no mercado.

A disrupção digital traduz um conceito que está bem distante do abstrato ou de *buzzwords* utilizadas pelo mercado. É uma realidade nas organizações. Em **pesquisa da Forbes Insights/Treasure Data**[59] publicada em 2018, mais de um terço dos executivos entrevistados afirmaram que estão sendo impactados estrategicamente e de forma direta pelo surgimento de uma concorrência de *players* digitais e experientes. Além disso, cinquenta e um por cento descreveram um alto nível de risco em participação de mercado e receita para seu negócio para os próximos cinco anos, um cenário motivado pela disrupção orientada pela tecnologia, em grande parte startups ou demais inovações.

Por sua vez, a ideia da maioria dos executivos é justamente estar do lado da disrupção digital e não atrás das outras empresas. Para isso, existem maneiras de se preparar, como ao investir em uma cultura de inovação. Dentro disso, a mesma reportagem da Forbes traz uma série de dicas para quem está no processo de transição e quer sair do lugar-comum, e destaco uma delas: o poder da informação para transformar. Com os dados dos clientes, atualmente, se consegue demonstrar claramente correlações entre **comportamento do consumidor e fidelização. Um exemplo é a Fitbit**, provedora de aplicativos de acompanhamento de condicionamento físico. No caso, a empresa lançou uma campanha com histórias de usuários, enfatizando o viés de que os dispositivos trazem um valor muito maior do que serem contadores de passos. Foi uma ação iniciada pela análise do grau de fidelidade das pessoas e pelos aspectos que mais engajam.

As informações são essenciais para que a disrupção digital saia do imaginário e faça parte de uma empresa. Utilizar os dados para propor um novo olhar de mercado é uma das práticas comuns em uma cultura da inovação. Entenda mais sobre isso.

A relação entre cultura da inovação e disrupção

A disrupção digital está ancorada na cultura da inovação. Voltando ao artigo de Anil Cheriyan sobre as três chaves mestras para a inovação — colaboração, arquitetura e cultura —, um contexto em que as pessoas certas estarão reunidas colaborando e trocando dados e informações, uma arquitetura guarda-chuva e uma cultura de abertura, aprendizado e rejeição do *status quo*, podemos entender essa relação através da análise dessas chaves:

1. **Colaboração**

   Somente acontece uma cultura da inovação quando diferentes partes da organização estão trocando conhecimento e envolvidas na identificação de ideias de maneira ágil.

2. **Arquitetura**

   A empresa deve articular com clareza qual será o plano para a arquitetura de negócios e tecnologia. Deve ser algo aberto e que permitirá uma flexibilidade dos negócios para integrar parceiros internos e externos no ecossistema digital.

3. **Cultura**

   Uma cultura da inovação relaciona-se com liderança, mindset de crescimento e desejo de mudar. As pessoas devem estar insatisfeitas com o *status quo*. Cultura é sobre aprender.

   Se a cultura da inovação é imprescindível para a disrupção digital, como criar um ambiente propício? Há aprendizados que podem ser absorvidos nesse sentido, principalmente quando se observa quanto uma organização tem despendido de investimento e atenção para esse aspecto.

E listo aqui algumas dicas a considerar:

a. Diversidade

Nada de individualidade ou solidão de uma mente genial. A troca de dados e de conhecimento aparece novamente para criar ideias diferentes.

b. Mais do que trabalho

É comum que inovações nasçam fora da rotina corporativa. Por isso é recomendado estimular momentos de descontração e oferecer ambientes desconectados das funções operacionais.

c. Nada de muros

As barreiras impedem a cultura da inovação. O tráfego de pessoas e ideias deve ser livre e sem burocracia.

d. Home office

Equipes remotas são o presente e o futuro. Então, desenvolver metodologias de gerenciamento que permitam a integração e o diálogo entre colaboradores é fundamental para a inovação.

DESAFIOS DA TRANSFORMAÇÃO DIGITAL E A ADOÇÃO DA ESTRATÉGIA CORRETA

Quando se pensa nos desafios da transformação digital, é comum imaginar os obstáculos que a tecnologia terá de superar, assim como as diferentes inovações que terão de ser consideradas. É uma lista que engloba ***machine learning****, ***Big data*****, ***business intelligence******, inteligência artificial e outros. Independentemente das variáveis, o foco é na inovação. Mas, como exemplifica a professora de Harvard, Linda Hill, na palestra "**Como gerir a criatividade coletiva**" apresentada no TEDx Cambridge, a inovação ainda está diretamente ligada com uma imagem mental de Einstein tendo aquele momento "A-ha!", por mais que todos saibam que isso é um mito. Inovações, de acordo com Hill, não são sinônimo ou decorrência de um gênio solitário em um processo de criação individual, mas, sim, do que é chamado de genialidade coletiva.

Então, por conta disso, os desafios da transformação digital acabam sendo mais organizacionais do que tecnológicos. Por mais que as inovações da **Indústria 4.0**[60] continuem evoluindo em um ritmo frenético, elas ainda são um paradoxo. Como afirma a professora Linda Hill, o coração

---

* ***Machine Learning***: É a aprendizagem de máquina, uma evolução da teoria do aprendizado computacional em inteligência artificial.

** ***Big Data***: Área do conhecimento que estuda como tratar, analisar e obter informações a partir de conjuntos de dados muito grandes para serem analisados por sistemas comuns

*** ***Business Intelligence***: é a inteligência de negócios e refere-se ao processo de coleta, organização, análise, compartilhamento e monitoramento de informações para a tomada de decisão.

da inovação é um paradoxo. Isso porque é preciso atuar com as pessoas, liberando talentos e paixões em prol de um trabalho que seja útil. Dito isso, é preciso ver a inovação ainda como uma jornada composta por pessoas que são especialistas em áreas diferentes e possuem pontos de vista que não se assemelham, mas que somam.

Vendo além da tecnologia, consegue-se entender o porquê de, em alguns casos, as empresas não conseguirem superar os desafios da transformação digital. Professor de Sistemas de Informação na Carroll School of Management da Boston College, Gerald C. Kane, no artigo **"Is the Right Group Leading Your Digital Initiatives?**[61]**"** (O grupo certo está liderando suas iniciativas digitais?, em tradução livre), publicado na MIT Sloan Management Review, trata sobre o case da Marriott Hotels. Na ocasião, com o foco somente em tecnologia, um dos principais executivos da Marriott liderou um movimento em prol de uma refinação tecnológica, o que culminou no desenvolvimento de um sofisticado aplicativo voltado para o cliente, com recursos inovadores, como o check-in móvel. No entanto, não havia uma integração com as operações da cadeia de hotéis, fazendo com que a entrega da tecnologia fosse apenas parcial. Ou seja, focar apenas as inovações tecnológicas pode fazer com que mudanças organizacionais passem despercebidas.

O fato é que a transformação digital tem se tornado um imperativo para cada vez mais empresas. Mas a questão que fica é sobre quais caminhos estão sendo seguidos. Nos tempos atuais, o entendimento da necessidade da transformação digital acaba sendo mais fácil. Contudo, isso não significa que não existam dificuldades. Em **"Is Your Digital Transformation Focused on the Wrong Strategy?**[62]**"** (Sua transformação digital está focada na estratégia errada?, em tradução livre), artigo da Deloitte, são explicitados alguns pontos que precisam ser superados e que veremos na sequência.

Os principais desafios da transformação digital

Como nem todos estão explorando as possibilidades e as inovações estratégicas, é fundamental compreender o que pode estar travando a transformação digital na empresa. Não só o ritmo acelerado pode dificultar o acompanhamento das novidades, mas também a necessidade de novas regras e estruturas. Pensando nisso, apresento alguns dos desafios da transformação digital.

1. Orçamento

Quando se fala na transformação digital, de acordo com as pesquisas apontadas no artigo da Deloitte, existe uma relação de mais investimentos altos em operacional e TI e menos com gastos futuros e P&D. A média, extraída de pesquisa, é de 30% do orçamento operacional ou de TI em iniciativas de transformação digital versus somente 11% de orçamento de P&D para tal.

2. Mentalidade defensiva

Outra questão é que, embora muitos líderes façam uma associação de melhorias operacionais e de TI com o crescimento estratégico, um dos desafios da transformação digital está na associação do crescimento de receita a partir de novos produtos orientados para P&D ou modelos de negócio. Por isso, mesmo quando há uma economia significativa de tempo e custos, pode ser que ela não se traduza em lucros mais altos. No lugar disso, a transformação digital pode ser vista como um investimento defensivo, feito para proteger, mas não para ampliar o negócio.

3. Cultura organizacional engessada

Em vez de construir novos modelos de negócios, muitos preferem permanecer na inércia. Ou seja, a tecnologia, novamente, é vista como uma proteção ao que é ofertado atualmente, mas não consegue ser vislumbrada como uma forma de construir e estruturar novos modelos de negócio e produtos.

4. Complexidade técnica

As transformações digitais decorrentes da Indústria 4.0 fazem com que seja necessário adentrar em um novo cenário que, por sua vez, traz riscos desconhecidos. Se não houver uma compreensão sobre os problemas que muitos temem, como cibersegurança e riscos de propriedade intelectual, pode-se simplesmente concluir que não é factível ou interessante buscar meios alternativos de utilizar a tecnologia para levar até fluxos de novas receitas.

Ainda há mais para se considerar dentre os desafios da transformação digital, mas o principal é manter o olho na tecnologia, mas o pensamento no coletivo e nas pessoas.

TRANSFORMAÇÃO DIGITAL EM PROJETOS E A EXPERIÊNCIA DO CLIENTE NO CENTRO DA ESTRATÉGIA

Classificar como funciona o relacionamento entre transformação digital e projetos nem sempre é uma boa ideia. Em grande parte por **transformação digital** ser profundamente dependente do cenário e da intenção. É por isso que Brian Solis, analista digital e futurista, observa que diversas vezes as iniciativas do gênero partem de uma "transformação digital de...", fruto de um esforço tímido ou de um grupo, mas que não exatamente alcança as partes maiores da empresa. Contudo, também traz uma importante lição extraída de sua pesquisa, na qual constatou, repetidas vezes, que quando há um foco na experiência e engajamento do cliente, mesmo que a transformação digital e projetos comecem aos poucos, eles acabam transformando o todo.

A própria necessidade da transformação digital se consolida cada vez mais na relevância que as experiências tecnológicas e digitais têm representado para os clientes. É o foco na experiência do cliente. A abordagem e a produção são customizadas, assim como a comunicação. Os dados estão no centro de transformações digitais e de processos, e as empresas precisam estar preparadas.

Transformação digital e projetos: por onde começar?

Se é preciso encontrar uma soma entre transformação digital e projetos que resulte em uma boa experiência do cliente, a condução das iniciativas internas de mudanças são um ponto-chave.

A seguir, apresento cinco ensinamentos dos especialistas Behnam Tabrizi, Ed Lam, Kirk Girard e Vernon Irvin, apontados no artigo "***Digital Transformation Is Not About Technology***[63]" (Transformação digital não tem a ver com tecnologia, em tradução livre), publicado na Harvard Business Review, que auxiliarão a implementação da transformação digital, a qual, por sua vez, deverá focar a experiência do usuário.

1. Qual é a sua estratégia de negócio?

    Para conseguir o alinhamento entre transformação digital e projetos, e liderar as organizações com base nisso, é preciso uma estratégia comercial com uma abordagem mais ampla. Isso evita de os líderes irem pelo caminho do desempenho organizacional com base em tecnologias digitais somente com uma ferramenta específica. Primeiro, é preciso metas concretas e bem estabelecidas para, depois, decidir quais serão as ferramentas digitais, com um pensamento bastante claro de que não existirá uma única tecnologia que fornecerá aquilo que se busca, mas descobrir que a melhor combinação entre ferramentas pode variar de um lugar para outro.

2. Você está olhando para dentro?

    Outra dica sobre a combinação entre transformação digital e projetos é alavancar as pessoas de dentro da organização. É comum que as empresas que pretendem implementar iniciativas de transformação digital acabem optando por consultores externos. Contudo, também é igualmente comum que os consultores externos acabem aplicando soluções prontas com o argumento de ser uma "boa prática". Uma abordagem diferenciada é confiar no que os especialistas denominam como "*insiders*": colaboradores com conhecimento aprofundado sobre aquilo que pode funcionar e também sobre o que não terá êxito dentro das operações rotineiras.

3. Qual o fluxo de projeção da experiência do cliente?

Aqui, o ideal é que a combinação entre transformação digital e projetos consiga projetar a experiência do cliente de fora para dentro. Como, nesse caso, o objetivo da transformação digital é melhorar a satisfação e aproximar os clientes, é imprescindível que, antes mesmo de colocar em prática qualquer esforço, exista uma etapa de diagnóstico na qual os próprios clientes contribuam. A melhor maneira de encontrar os pontos que devem ser alterados e entender como fazer isso é conseguir informações detalhadas com os clientes.

4. Os colaboradores estão com medo de serem substituídos?

Quando o misto entre transformação digital e projetos é visto como uma ameaça aos empregos, os funcionários poderão (de forma consciente ou inconsciente) oferecer uma forte resistência às mudanças. Para eles, na ocasião apresentada, se a transformação digital não for eficaz, o caminho natural é que a administração das empresas acabe deixando de lado os esforços e, por conta disso, os empregos estarão seguros novamente. Portanto, a liderança tem um papel fundamental em entender e reconhecer quais são os medos dos colaboradores e ressaltar o processo digital como um benefício. Os funcionários devem perceber a transformação digital como uma oportunidade para aperfeiçoar seus conhecimentos e habilidades de acordo com as demandas que surgem no mercado.

5. Qual é a cultura da sua empresa?

Por fim, uma recomendação dos estudiosos é **trazer a cultura de startup para dentro**. Lá, as decisões são ágeis, há uma prototipagem rápida e estruturas horizontalizadas. A transformação digital e os projetos não são 100% certos, pelo contrário, as mudanças precisam ser feitas, mesmo que provisoriamente, e depois serão ajustadas durante o caminho. Também há um envolvimento geral de todos os grupos que fazem parte da organização. Por isso, não se consegue ter uma hierarquia tradicional e é indicada uma estrutura separada do restante da organização.

TRANSFORMAÇÃO DIGITAL: POTENCIALIZE O PODER DA SUA REDE DE CLIENTES

Contar com uma rede de clientes é algo muito importante para quem pretende provocar a transformação digital na empresa. É o que David L. Roger, em *Transformação digital: Repensando o seu negócio para a era digital*, afirma. Para isso, é preciso conhecer os objetivos dentro de uma estratégia elaborada com foco na rede de clientes. Assim, além de conhecer profundamente o cliente que é o alvo dessa aproximação, é possível iniciar a concepção das ações que serão traçadas.

A concepção de uma estratégia de transformação digital com base na rede de clientes possui alguns comportamentos centrais, conforme apontado pelo especialista. São cinco conceitos extremamente valiosos, cujo objetivo é auxiliar na geração de ideias qualificadas para um determinado projeto. Primeiro, é feito um resgate dos objetivos propostos para os clientes específicos, aqueles que serão capturados pelas ações definidas. Também se leva em conta outros aspectos, como as necessidades e os desafios do projeto.

Depois disso, é possível escolher uma ou até mais dentre as cinco propostas que apresento na sequência sobre os comportamentos centrais das redes de clientes:

1. **Acessar**

   Rápido, fácil, sempre presente, sempre ligado.

2. **Engajar**

   Uma fonte de conteúdo relevante.

3. **Customizar (personalizar)**

   Adequar os fatores "cliente" e "oferta".

4. **Conectar**

   Estar próximo e fazer parte das conversas com quem é o foco.

5. **Colaborar**

   Solicitar a colaboração do cliente para a cocriação de melhorias no seu negócio.

Para entender como as informações se conectam, caso uma pessoa esteja pretendendo ir para o lado do engajamento, em que se tornará uma ótima fonte de conteúdo relevante para o seu cliente, como em um diferencial Premium para VIPs, há de se pensar em criar vários tipos de conteúdo. Um dos tipos pode ser um vídeo em que há uma explicação fácil, recomendações baseadas em preferências individuais, entre outros. É possível uma estratégia ampla e um objetivo com diversos conceitos.

O especialista em transformação digital recomenda ainda determinadas perguntas para conseguir manter o foco na criação de valor para o cliente:

- **Acessar:** Como tornar a experiência rápida e fácil? Como integrar interações? Como tornar mais acessível e automatizado?

- **Engajar:** Como atrair atenção? Quais desafios o conteúdo poderia resolver? Alguém que não seja da empresa recomendaria o seu conteúdo?

- **Customizar:** Quais as diferenças das necessidades e interesses do cliente? Por que uma experiência customizada? Como ajudar a fazer a escolha certa sem ultrapassar limites?

- **Conectar:** Que conversas importantes para você estão acontecendo entre os seus clientes? Como melhorar a conversa sem se tornar um intrometido? Como aprender com essas conversas? Como contribuir com elas?

- **Colaborar:** Quais seriam as competências dos clientes, utilizadas para alcançar o sucesso? Como fazer isso? Qual seria o motivador dos clientes? Como garantir aos clientes o sentimento de validação e de recompensa?

Como criar uma estratégia de marketing para a transformação digital?

No funil do marketing, há determinadas etapas que serão impactadas por cada um dos comportamentos mostrados anteriormente. Basta imaginar que é preciso atrair, nutrir e, somente depois, vender. Em um primeiro momento, quando se está no começo do **funil de vendas**, as estratégias de engajamento e de acesso podem otimizar a conversão inicial de um potencial cliente e aproximá-lo da empresa. Já, na sequência, a customização e a conexão evoluirão o relacionamento ao que consideramos o meio do funil. Por fim, no fundo do funil, a colaboração fará com que suas oportunidades se tornem em vendas e, inclusive, poderia fazer o importante papel de pós-vendas.

Tendo isso em vista, quando há uma agitação do negócio, em um marketing formado por uma rede de clientes, no qual os pares indicam entre si experiências, produtos e serviços, deve-se aproveitar para otimizar a evolução do funil de vendas e colocar mais clientes para dentro da sua base. Utilizar sua rede de clientes para gerar essa movimentação no *marketing* é algo bastante natural, afinal, espera-se que aquilo que está sendo oferecido seja tão valioso e que entregue uma experiência com tamanha qualidade que tal entrega seja repassada para a frente como uma recomendação.

Então, ao utilizar as estratégias que exploram os comportamentos explicados anteriormente, e que impactam diretamente no funil do marketing, é fundamental que a disseminação "boca a boca" esteja entre as alternativas de ação. Atualmente, as empresas conseguem mensurar e monitorar como está sendo a propagação das suas ofertas e, se necessário, reverter situações ou aproveitar oportunidades.

ORGANIZAÇÕES EXPONENCIAIS E O DNA DA INOVAÇÃO CONSTANTE, INCLUSIVE NO RH

Identificar a **cultura de inovação** nas organizações exponenciais (ExOs) e as características que as fazem precursoras da nova economia é um assunto quase inesgotável. Afinal, essas empresas, especialmente desenvolvidas com base tecnológica e modelos de negócio abertos e flexíveis, estão em constante evolução.

Uma peculiaridade realmente inovadora é o fim do modelo matricial. No lugar do organograma, com níveis de subordinação, as ExOs experimentam, com sucesso, a autonomia e a liderança. E elevam esses termos a outros níveis! Há poucos anos, a **Netflix** virou case em gestão de pessoas ao promover a liberdade e a responsabilidade. Façam o que acham melhor, mas assumam as consequências. Esse foi o recado.

A plataforma de streaming de filmes e séries cresceu investindo em cultura organizacional. No **artigo *"How Netflix Reinvented HR*[64]*"*** (Como a Netflix reinventou o RH, em tradução livre), publicado pela Harvard Business Review (HBR), Patty McCord, ex-diretora de talentos da Netflix, resume bem a forma como a empresa atrai, retém e gerencia talentos. Confira a seguir:

1. Contrate adultos responsáveis

Ou seja, contrate profissionais alinhados à cultura da empresa e que estejam dispostos a abraçar o projeto e o propósito da organização. Traga para a equipe profissionais que saibam como conversar sobre problemas complexos com gestores e com os colegas de trabalho. Se os gestores contratarem profissionais dispostos a colaborar para um ambiente de alto desempenho, provavelmente eles farão a coisa certa.

2. Dê feedback sincero sobre o desempenho

Nas empresas tradicionais, o desempenho dos profissionais tende a ser muito documentado para que a promoção ou a demissão ocorra amparada por um histórico formal. No entanto, nas organizações exponenciais, esse processo ocorre de modo diferente. Primeiro porque essas empresas já nascem com a **cultura do feedback**.

Na Netflix, por exemplo, a análise de desempenho e a conversa em torno de pontos de melhorias faz parte do trabalho orgânico da empresa. Em funções como vendas, engenharia e produto, as pessoas são avaliadas conforme estão se desenvolvendo. Mas as áreas de apoio, como marketing, financeiro e até mesmo recursos humanos, o crescimento não é tão óbvio.

Conversar sempre é uma forma de contribuir para que o colaborador decole sem muita burocracia. Lembre-se: elaborar rituais em torno da medição do desempenho só dificulta o processo.

3. Os gerentes são responsáveis pela criação de grandes equipes

O que isso significa na prática? **Empresas Exponenciais**, que pretendem dar o salto que **Netflix**, **Uber** e **Google** deram, devem fazer o melhor com a equipe que têm. Na prática, isso significa mapear as habilidades necessárias para crescer e olhar para dentro do time para verificar se essas *skills* estão presentes no grupo.

Se você não encontrar essas habilidades em alguns membros da sua equipe, deve dar liberdade para que possam mudar para um outro time, no qual seus pontos fortes sejam melhor utilizados. E claro, o líder deve contratar profissionais que tenham os conhecimentos necessários para somar à equipe. A filosofia da Netflix é até simples: seja honesto e trate as pessoas como adultos.

Os líderes têm a responsabilidade de construir a cultura da empresa

No artigo, Patty McCord alerta para o fato de que o líder precisa ser coerente com os valores da empresa que ele quer propagar. Não adianta querer que eficiência seja o maior valor da organização quando terminar um jogo de sinuca pode atrasar uma reunião.

As pessoas querem um líder encorajador. Portanto, improvisar em reuniões, ter apresentações de baixa qualidade e estar sempre ausente não são bons exemplos para o time. Se você quer fomentar uma cultura, então seja essa cultura.

Os gestores de RH precisam pensar como empresários inovadores. Organizações exponenciais estão encabeçando a lista de melhores lugares para se trabalhar, e não é novidade. Isso acontece nos Estados Unidos e também no Brasil. Mas o ponto que Patty McCord destaca é a necessidade de passar a melhor mensagem e que muitos profissionais de Recursos Humanos tendem a ficar cegos por esse desejo de entrar para a lista e acabam esquecendo dos próprios colaboradores.

Ela também aborda o fato de que, muitas vezes, as empresas chegam lá pautadas por benefícios e festas animadas. Contudo, se não estiver claro para o colaborador o que fazer para dar o próximo passo, seja para subir de cargo ou para aumentar o bônus concedido pela empresa, provavelmente, muitos do time estarão cochichando nas festas ou nos happy hours.

Não existe razão para o profissional de RH não ser inovador. Aliás, as pessoas são o maior ativo das organizações exponenciais. Portanto, o **gestor de RH deve também inovar** e pensar fora da caixa.

A **Zappos** é outro exemplo de organização exponencial que rompeu padrões. A varejista online de calçados e roupas, sediada nos Estados Unidos, eliminou cargos de supervisão do setor de atendimento ao cliente. Sem script padrão de *call center*, cada funcionário assume o papel de resolver conflitos e, principalmente, de encantar o cliente.

Difícil pensar em um ambiente corporativo com tamanha liberdade. No entanto, as organizações exponenciais trabalham com autonomia, porém sem abrir mão de controle e alto rendimento. A grande mudança é no tipo de gestão que prioriza resultados e o fortalecimento dos ecossistemas. A gerência pode ter ficado para trás, mas, em seu lugar, temos sistemas de acompanhamento e feedback constantes, como relatórios individuais, de equipes, dados brutos e numéricos ou abstratos de fidelização de clientes.

Some ao constante estudo de dados a velocidade de mudança, algo que um modelo de negócio conservador não possui. As ExOs estão abertas à inovação e compreendem que ela é feita de erros e de planos eficazes para acertos.

Destaques do DNA das organizações exponenciais:

1. O indivíduo tem o poder

Indivíduos mudam muito mais rapidamente do que empresas. O foco na pessoa é, portanto, o combustível da mudança. O indivíduo é o consumidor, que precisa de soluções para suas dores e desejos. É também o produtor, que quer uma fatia desse crescimento exponencial. É o funcionário, que planeja crescer profissionalmente na mesma velocidade que a sua empresa.

Ao tentar cumprir todas essas expectativas, as organizações exponenciais promovem mais do que um ambiente de interação e colaboração com sua rede. Elas democratizam o acesso do indivíduo (consumidor, produtor, fornecedor) às informações e aos meios digitais. Tal abertura cria ecossistemas cada vez mais criativos e ágeis, que estão, em grande parte, fora da estrutura física dessas empresas.

Imagine a Apple sem os aplicativos disponíveis na sua *store*. Esses aplicativos (apps) são desenvolvidos por uma rede de pessoas que quer a **Apple** — e os usuários de seus dispositivos — como vitrine. São atraídas pela possibilidade de escalar. O sucesso do app é o sucesso da Apple Store e vice-versa. Atualmente, essa fatia da empresa é responsável por cerca de 65% do seu faturamento.

2. Ter grandes estruturas custa caro

Mais um paradigma deixado para o passado. Possuir grandes estruturas e grandes equipes é um peso que as ExOs não querem carregar. Inicialmente, livrar-se da estrutura padrão é essencial para quem não tem um grande capital. Ao longo do tempo, essas empresas compreenderam que não era possível crescer rapidamente tendo um modelo de negócios engessado. Qual foi a solução encontrada? Alugar, compartilhar, alavancar ativos. Criar uma rede de desenvolvedores, de produtoras de filmes, de anfitriões, de taxistas, de usuários dispostos a compartilhar informações.

3. Testar reduz custos

O desenvolvimento tradicional de produtos não tem a flexibilidade e o tempo necessários para adequar o produto ao mercado. Isso muitas vezes encarece a produção, que tem que lidar com fracassos de vendas ou retirar do mercado produtos recém-lançados. Por outro lado, a **experimentação** é uma grande aliada das **empresas exponenciais**. Testar faz parte da rotina de desenvolvimento desde a concepção de um MVP (Produto Mínimo Viável). Ao disponibilizar uma versão de teste do produto, as ExOs conseguem fazer os ajustes conforme o feedback dos usuários. Como resultado, conseguem itens cada vez mais próximos das expectativas dos consumidores.

São tantas características a explorar! Quanto mais conhecemos o funcionamento das organizações exponenciais, mais conseguimos analisar o modelo de negócios para gerar oportunidades de inovação. É possível transferir o DNA inovador para empresas tradicionais? Sem dúvida, mas isso requer profundas transformações, principalmente na forma de pensar. Nosso principal problema não é o crescimento exponencial em si, mas o fato de que nossa intuição é linear. Temos imensa dificuldade de entender e aceitar isso, o que, consequentemente, torna nossa adaptação bem mais complexa.

LIDERANÇA PARA A INOVAÇÃO E A TRANSFORMAÇÃO DO AMBIENTE DE TRABALHO PARA O FUTURO

Gestores e empreendedores atentos aos novos movimentos do mercado já perceberam a importância de se investir no relacionamento empregado-empregador. E não apenas por uma questão de conveniência, mas por se tratar de um ponto estratégico para o desenvolvimento dos negócios.

Dessa forma, fica cada vez mais claro que, para uma organização conseguir estabelecer esse relacionamento com eficiência, é fundamental capacitar e desenvolver nos gestores uma liderança para a inovação. Afinal, ser um líder em uma empresa vai muito além de gerenciar pessoas e processos.

Se você quer se transformar, moldar o ambiente de trabalho para o futuro e se preparar para uma liderança com foco na inovação, desafiar e estimular os seus conhecimentos será o primeiro passo. Por isso, confira neste tópico algumas expertises essenciais nesse processo transformador e veja como desenvolver suas competências rumo a uma liderança para a inovação.

No final de 2019, o LinkedIn divulgou o ***Global Talent Trends***[65], uma pesquisa realizada com mais de 5 mil profissionais de talentos em 35 países. Esse relatório mostrou a importância do desenvolvimento de três pilares em uma organização que pretende se manter presente e indispensável no futuro (cada vez mais próximo). Os três pilares são: soft skills, ambiente flexível e transparência.

A seguir, apresento esses pilares e mostro como desenvolver cada um deles em sua organização.

1. Soft skills: habilidades que abrem portas

O relatório apresentado pelo LinkedIn apontou que 80% dos entrevistados consideram soft skills habilidades cada vez mais importantes para o desenvolvimento de uma organização. E o motivo disso está cada vez mais claro: a automatização de processos e a inteligência artificial já são soluções adotadas por parte das empresas para resolver problemas que exigem técnicas e as chamadas *hard skills*.

As soft skills tornaram-se essenciais para tomadas de decisões, pensamento crítico e planejamentos estratégicos dentro de uma empresa. Por isso, habilidades como criatividade, persuasão, adaptabilidade, colaboração e gerenciamento de tempo têm sido fundamentais para a contratação e a permanência dos colaboradores. Em razão disso, líderes e gestores, além de serem cobrados por essas competências, também precisam saber identificá-las em seus liderados para que possam desenvolvê-las ainda mais.

2. Trabalho flexível: a retenção de talentos passa por aqui

A flexibilidade no trabalho já não é mais novidade. E, com a crise gerada pela pandemia do coronavírus (Covid-19), trabalhar de forma flexível está fazendo a diferença para diversas empresas. Um exemplo claro disso é o **home office**.

Mas, até mesmo tirando o foco dessa situação, a flexibilidade no trabalho é um passo importante para estimular e reter talentos, principalmente quando se trata dos jovens.

Com isso, o desafio das lideranças é ainda maior. Afinal de contas, além de treinar seus colaboradores para trabalharem de forma flexível (sem que se esqueçam de suas entregas e responsabilidades!), os líderes precisam saber de que forma gerir sua equipe de maneira mais leve, empoderando e confiando mais em seus colaboradores.

O trabalho por objetivo ganhou força e deve continuar no pós-normal, e muitas empresas adotaram ferramentas que possibilitam e facilitam o trabalho remoto. Ou seja, alguns empregadores já tratam o trabalho remoto como uma oportunidade de investimento e crescimento. Portanto, as lideranças passam a considerar essa mudança como uma oportunidade.

3. Transparência: aqui é onde se cria a confiança

Por muito tempo, a transparência salarial foi questionada por gestores e lideranças. No entanto, essa abertura tornou-se um pilar em destaque nos últimos anos. Segundo a pesquisa divulgada pelo LinkedIn, e citada anteriormente, "dar transparência às questões salariais em uma organização traz mais benefícios do que era esperado e ainda reduz o medo de conflitos e mal-entendidos".

A transparência salarial também alinha as expectativas dos colaboradores desde o início da jornada, deixando a realidade da organização mais clara para a equipe. Além disso, tendo essa informação transparente, os processos de seleção tornam-se mais rápidos e eficientes, atraindo candidatos que estão realmente de acordo com o que é oferecido.

Em resumo, podemos ficar com a frase dita pelo líder de Engenharia, Leslie Miley: "A transparência nos pagamentos remove a desconfiança das pessoas."

Liderança para a inovação: sua organização está preparada?

Agora que você já sabe quais pilares têm direcionado as organizações para um futuro mais inovador, transparente e colaborativo, é preciso estar próximo a profissionais que também estejam envolvidos com essa **mentalidade corporativa**.

Por isso, aproveite as possibilidades oferecidas no ambiente virtual para se especializar, se informar e se aproximar de profissionais que têm muito a colaborar com o desenvolvimento da liderança para a inovação em sua empresa.

ALQUIMIA DO CRESCIMENTO: COMO EMPRESAS PODEM CRESCER DE FORMA PERENE

Um alquimista era conhecido na idade média por transformar metais em ouro. Para que isso acontecesse precisava de conhecimento em física, química e outras ciências naturais. Hoje, para que uma empresa cresça e encontre a alquimia do crescimento sustentável, é necessário alinhar habilidades de vários campos de negócio.

E qualquer empreendedor sempre inicia um negócio achando que dará certo. Da mesma forma, a maioria dos empresários sabe quando seus negócios estão ameaçados. No entanto, a cada ano acompanhamos várias empresas que fecharam as portas devido aos impactos da disrupção digital: são **negócios inovadores** que encontraram a alquimia do crescimento como Big Data, Inteligência Artificial e Internet das Coisas.

O que sustenta uma empresa é encontrar o que poderia ser mudado no seu negócio

Quem acompanha as tendências de mercado sabe o que ameaça um negócio, mas por que é tão difícil de mudar? Descobrimos depois de trabalhar com diferentes empresas que o que aniquila as empresas não são as grandes mudanças, mas sim, a falta de análise de dentro do negócio que impede que elas reajam a um novo contexto.

Existe um outro cenário. O das empresas tradicionais que decidem aplicar estratégias de startups sem **mudar o mindset** cultural ou rever processos. O que as startups têm de diferente? Elas jogam no ataque, estão mais dispostas a correr riscos e fazem experimentos, aceitam o erro e o risco de não dar certo.

Por sua vez, as empresas tradicionais costumam ser mais reativas, dar passos sólidos, operar com segurança. Já comentei sobre o **modelo ambidestro** que tem gerado bastante resultado para empresas que têm esse perfil. O segredo, portanto, é ir para o ataque. Adaptar-se e pensar em soluções para conquistar um crescimento sustentável de forma ágil, diferenciando-se dos seus concorrentes.

Em 1999, a partir de suas experiências, Mehrdad Baghai, David White e Stephen Coley, consultores da McKinsey[66], escreveram o livro *Alquimia do Crescimento: Os Segredos das 30 Empresas que Mais Crescem no Mundo*. Eles pesquisaram por dois anos como empresas que começaram de um ponto mais baixo conseguiram crescer. Os três horizontes da inovação, como ficou conhecido, tem sido amplamente adotado depois que Steve Blank escreveu um artigo sobre esse tema e publicou no **seu blog.**

E o que são os três horizontes da inovação?

Muito se comenta que não existe uma fórmula pronta e sim, muito trabalho. E mesmo que a sua empresa siga todos os passos para conquistar a alquimia do crescimento, pode levar anos para conseguir resultado. Mas é uma estrutura testada e que ainda gera resultado para várias organizações.

Como os autores explicaram no livro: "O crescimento é uma busca nobre. Cria empregos para a comunidade e riqueza para os acionistas. Pode transformar empresas comuns em ambientes estimulantes, nos quais os funcionários encontram um senso de propósito em seu trabalho." Para chegar até ele, os consultores mapearam três horizontes críticos para o crescimento:

Os Três Horizontes da Inovação

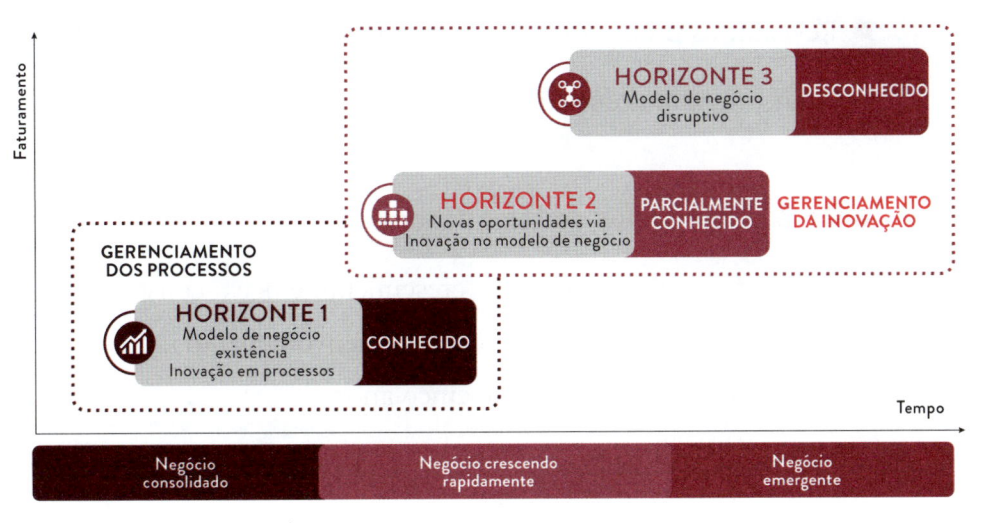

Figura 2: Adaptada de Baghai, Mehrdad *et al.*, Alquimia do Crescimento, 1999.

Horizonte 1 — É o modelo de negócio principal da empresa e como ela é reconhecida

Neste primeiro horizonte, os processos de inovação acontecem em seu modelo de negócios atual, pelo qual sua empresa é reconhecida. Amplie e defenda esse produto ou serviço. Está relacionado a sua proposta de valor e pela maneira como os clientes e os sócios a enxergam.

Essa é a operação que fornece o **recurso que a sua empresa precisa para crescer** e inovar. A missão no horizonte 1 é fazer com que esse negócio, que é próspero e consolidado, abra caminhos para a inovação para identificar novos mercados, hoje não atendidos. Algumas dicas para fortalecer ainda mais o carro-chefe da empresa são:

- Pensar em extensões do produto;
- Investir em ações de marketing;
- Reduzir custos que mantenham uma estrutura saudável;

- Aplicar ferramentas de produtividade;
- Revisitar os processos organizacionais;
- Criar programas de estímulo à força de vendas.

Horizonte 2 — Negócios de fácil desenvolvimento

O segundo horizonte da alquimia do crescimento exige a construção de negócios emergentes. Ou seja, aplicações de desenvolvimento rápido e que podem transformar a empresa em até cinco anos.

No início, haverá investimento financeiro e de pessoal, com retorno a esse investimento a longo prazo. No entanto, os **negócios emergentes** atraem lucro e novos clientes para a organização.

O objetivo aqui é ganhar mercado e a geração de nova fonte de receita atua como força motriz para investir nesses negócios emergentes. Afinal, o objetivo central é acelerar o crescimento. Inovações no modelo de negócio, a busca por novos segmentos de clientes, a revisão dos recursos chave visando desenvolver novos negócios faz parte do horizonte 2. Os processos de inovação, a inclusão de metodologias ágeis em processos e a adoção de experimentação também compõem esse estágio.

Horizonte 3 — Ideias que gerarão lucro no futuro

O horizonte 3 é uma espécie de semente que vai gerar lucro no futuro. É sobre o investir em experimentos sem ter a garantia que eles darão certo. Nesse caso, são aplicações que são feitas hoje para gerar receita no futuro, como pesquisa, parcerias, alianças e até mesmo testes no mercado.

Os lucros podem chegar em até dez anos, mas desde o início o **negócio precisa mostrar um potencial genuíno**. Em resumo, esses negócios são embrionários, mas não se trata de fantasias arriscadas demais. O objetivo da empresa é equilibrar o financiamento dessas iniciativas com o risco de usar muito capital ou outros recursos.

Nesse estágio, inovações disruptivas devem ser pensadas visando criar alternativas para captação e atração de novos mercados.

Como gerenciar os três horizontes de crescimento?

O gerenciamento dos três horizontes que leva à alquimia do crescimento exige o desenvolvimento de novos negócios em **paralelo ao seu negócio base**. A eficácia operacional deve estar alinhada com o time de inovação, tal qual acontece com as empresas ambidestras. Na palavra dos autores: "Somente uma organização excepcional consegue sustentar o crescimento enquanto o seu negócio principal amadurece."

Enfraquecer qualquer um dos horizontes enfraquece as perspectivas de crescimento a longo prazo. Para defender a estratégia é preciso ampliar e defender o que sustenta o negócio atualmente sem perder de vista os horizontes 2 e 3.

E líderes **precisam estar aptos para isso**. Mas existe uma fase anterior que é investir em treinamento e no mindset ágil de crescimento. Quando essa mudança acontece, todos os colaboradores se inspiraram e a empresa estará pronta para seguir a trilha da alquimia do crescimento, de forma constante e sustentável

TIPOS DE INOVAÇÃO: ENTENDA AS DIFERENÇAS E DÊ O PRIMEIRO PASSO!

Não raro, quando uma empresa, ou uma equipe desta, precisa trazer alguma solução diferente é marcada uma reunião de brainstorming que, certamente, contará com muitos post-its coloridos. Quem já participou de algo semelhante, consegue até mesmo visualizar a sequência de atividades, incluindo frases como: "Não existe ideia ruim", "Não vamos julgar as ideias dos outros" ou "Escreva tudo que passar pela sua mente". Mas será que, realmente, isso faz parte de um dos tipos de inovação?

Dando um passo atrás, é preciso entender de forma objetiva o que é inovação. E isso quer dizer fugir de lugares-comuns e conceitos abstratos. Em *Dez Tipos de Inovação*[67], obra escrita por um grupo de pesquisadores e liderada por Larry Keeley, encontramos definições de impacto sobre o assunto, que conseguem ir além de uma primeira impressão e formar um entendimento mais claro do que a inovação é (ou que também não é). São elas:

- **Não estamos falando simplesmente em invenção:** a inovação pode incluir invenção, mas é preciso mais do que isso. É necessário que exista uma compreensão, por exemplo, sobre as necessidades e desejos dos clientes relacionados com a invenção.

- **O produto é só uma ponta do que estamos tratando**: o produto (ou serviço) em si não é o bastante. Os tipos de inovação podem envolver novas formas de negócio, de lucro e até de envolvimento com o cliente.

- **Há pouco do que é "novo" em inovação:** toda a inovação parte de algo anterior. Não é preciso ser inteiramente novo para o mundo inteiro, foque o mercado ou setor.
- **A inovação precisa se sustentar:** deve haver um retorno de valor para que, inclusive, possam existir inovações no futuro.

Entendendo que se trata de algo que é mais do que somente uma tempestade de ideias, deve-se ainda ter em mente que não se trata **de uma matéria exclusiva de uma área ou de uma equipe específica**. Qualquer pessoa pode e deve desenvolver competências para inovar. Então, voltando para a primeira questão, quais são os tipos de inovação que podemos explorar?

Os dez tipos de inovação sugeridos por Larry Keeley

Imagine que você está em um teatro, aguardando a peça começar. Por trás das cortinas, nos bastidores, sem que você consiga ver, estão acontecendo determinados tipos de inovação. E, quando o espetáculo se inicia, ocorrem outros tipos, que são visíveis para todo o público.

É assim que explica Larry Keeley e seu grupo de especialistas. Dentro dos dez tipos de inovação propostos, e não inventados por eles, há ainda uma categorização que se assemelha ao paralelo entre bastidores e palco. As três categorias são: configuração, ou os trabalhos mais internos; oferta, com foco no produto e serviço central; experiência, que está voltado para o cliente.

Lembrando que as categorias não são um cronograma ou estão hierarquizadas, as possibilidades de combinações entre elas são inúmeras. Ainda dentro das categorias, temos dez tipos de inovação elencados pelos especialistas: modelo de lucro, rede, estrutura e processo (que estão dentro de configuração). Desempenho de produto e sistema de produto (que fazem parte de oferta). Por fim, serviços, canal, marca e envolvimento do cliente (que constam em experiência).

1. **Modelo de lucro:** são as novas formas de obter lucro, tal qual o nome propõe. Aqui cabe o exemplo da Gillette, que ao perceber a rotina do público, ofereceu um aparelho de barbear com preço especial. Entra a grande sacada, as lâminas que eram vendidas separadamente e com preço mais baixo. Isso fez com que o consumidor não precisasse mais afiar suas lâminas antigas constantemente, pois ele pode ter seu pacote por um pequeno pagamento, gerando recorrência.

   Em modelo de lucro é importante enfatizar que não existe só uma forma de precificar e vender o produto. Os pacotes freemium e de assinatura são outros exemplos.

2. **Rede:** é quando você modifica seu modelo de negócio para criar conexões com parceiros e trazer benefícios a todos. Por exemplo, a loja de aplicativos da Apple permite que os parceiros possam oferecer suas criações, o que colabora com a qualidade do local em si onde é disponibilizado o produto. A inovação não acontece sozinha, é preciso de uma rede, de fornecedores e parceiros.

3. **Estrutura:** é a forma como a empresa organiza seus recursos e ativos internos. Como quando há uma estratégia para reduzir custos, otimizar operações e **capacitar lideranças**.

4. **Processos:** é um dos tipos de inovação bastante popular, tendo como exemplo a produção enxuta com origem no sistema Toyota. É como são realizadas as atividades, reduzindo custos e aumentando a lucratividade e produtividade da empresa.

5. **Desempenho de produto:** está relacionado ao produto em si, ao que ele oferece de valor. Acaba sendo um dos principais focos das empresas, pois a busca pelo desempenho e qualidade do produto deve ser um consenso.

6. **Sistema de produto:** quando há uma interdependência entre os produtos oferecidos. Sendo assim, ao obter diferentes produtos de uma mesma empresa, o consumidor consegue aproveitar ao máximo determinados benefícios que não conseguiria obter caso optasse por outros.

7. **Serviços:** é um dos tipos de inovação que está atrelada ao serviço entregue, mesmo que seja um produto, pois está associada com toda experiência de compra. O suporte e atendimento ao cliente, por exemplo, não é o que está sendo fisicamente comprado, mas agregam valor para o cliente.

8. **Canal:** por onde a venda é realizada e chega até o cliente. Podendo ser via e-commerce, rede de franquias, **mundo digital**, marketing de rede, entre outros. A questão é levar o produto até as pessoas de forma diferente.

9. **Marca:** quando os clientes pensam na empresa, quais são os valores que eles reconhecem? Aqui, trata-se de novas formas de passar a visão da empresa para o público e gerar a identificação com ele.

10. **Envolvimento do cliente:** como é o contato com o cliente? Como é o diálogo estabelecido entre empresa e público? É sobre como promover novas maneiras de se comunicar.

É comum que as empresas possuam mais de um dos tipos de inovação. Os autores discorrem que para gerar um impacto significativo é preciso ocorrer inovação em cinco ou mais dessas áreas. Também é fundamental entender que a inovação é imprevisível e deve ser **uma cultura que deve permear toda a empresa**, independentemente de setor ou da hierarquia.

A INOVAÇÃO ABERTA E O PAPEL DOS ECOSSISTEMAS DE INOVAÇÃO

Se as pessoas não são uma ilha, nenhuma empresa também deve ser. Em um cenário no qual é preciso simultaneamente evidenciar pontos fortes, responder rapidamente às mudanças e explorar oportunidades, o desenvolvimento precisa ir além de uma perspectiva única. Ele deve acontecer em colaboração. Em ecossistemas de inovação.

Falamos continuamente sobre a importância da **construção de um mindset colaborativo**, e de como fazê-lo. Cada vez mais, as organizações procuram a sinergia entre equipes multidisciplinares, com o objetivo de reunir os conhecimentos necessários para alcançar melhores resultados, superar desafios, promover mudanças e explorar novas oportunidades. E se ampliarmos e utilizarmos o mesmo raciocínio nas relações entre as empresas?

Grande parte das mudanças reais e de grande impacto, nascem de uma soma de esforços em prol da comunidade. Por que não pensar na inovação de maneira igual? A Open Innovation, ou **inovação aberta**, conceito criado por Henry Chesbrough, invoca justamente o uso de fluxos de conhecimento diversos, internos e externos, com o intuito de estimular e acelerar a inovação interna, além de expandir os mercados para, da mesma forma, fazer o uso externo da inovação. Ou seja, de forma descentralizada, diferentes agentes, como empresas, universidades e consumidores, colaboram entre si para inovar.

Isso significa substituir a crença de que as realizações devem ser individuais e dentro dos limites da empresa. Sendo assim, o que vemos, na verdade, é uma troca positiva para ambas as partes. Se, por um lado, o conhecimento produzido em parceria e de forma aberta é aplicado no desenvolvimento e criação de serviços e produtos, por outro, a comunidade, o mercado e demais agentes possuem a mesma experiência construída para fazer uso. Importante dizer que a inovação aberta não é sinônimo de acesso livre e irrestrito às tecnologias e aos conhecimentos de uma organização.

A importância dos ecossistemas de inovação

Assim como definimos na inovação aberta, em que as trocas de duas vias entre *players* constitui no sucesso da criação de produtos e serviços, os ecossistemas de inovação também são compostos por diferentes atores. Entre eles, estão: universidades, parques tecnológicos, governo, aceleradoras, incubadoras, investidores, empreendedores, mentores e fundações, por exemplo. Sendo que, os ecossistemas de inovação são os responsáveis pela criação de um fluxo de conhecimento, tecnologias e recursos entre os agentes envolvidos. Por meio disso, é possível viabilizar a concretização de ideias em novas possibilidades de negócios ou, até mesmo, em transformações internas, como culturais e digitais, nas empresas envolvidas.

O crescimento dos ecossistemas de inovação acontece na mesma medida que o dos seus envolvidos. Sendo assim, as empresas e, principalmente, suas **lideranças precisaram rever a própria abrangência de suas atuações**, pois além dos colaboradores e times que já faziam parte dos processos internos, foi necessário incluir a presença e as contribuições de parceiros externos de outras organizações. Desta forma, as empresas se utilizam da inovação aberta para, a partir do somatório de esforços e conhecimento, criarem valor.

Entre os pontos positivos proporcionados pelos ecossistemas de inovação, a potencialização do aprendizado, sem dúvidas, está no topo da lista. Com mudanças acontecendo de forma contínua, a necessidade de se adaptar e aproveitar as oportunidades é primordial. Para alcançar isso, trocar ideias e aprender continuamente é o melhor caminho. Em ecossistemas de inovação, há um ambiente propício para a construção desses relacionamentos de contribuição mútua.

Também vale destacar que o crescimento próximo e recíproco dos parceiros faz com que estar dentro dos ecossistemas de inovação seja, por si só, um fato relevante. Os seres humanos são gregários e, por conta disso, é natural que se valorize o contato, que a construção das redes seja imprescindível. Portanto, estar imerso em um espaço que promova a inovação aberta, gera um senso de pertencimento aos participantes, assim como uma determinada notoriedade perante o mercado e a comunidade ao qual se está inserido.

Por fim, quando há um caminho sendo traçado em cooperação, é natural que se estabeleça uma relação de confiança. E a confiança é intrínseca ao mindset colaborativo. Os ecossistemas de inovação permitem, dessa forma, que as empresas estabeleçam interna e externamente, iniciativas que visam verdadeiramente a colaboração.

Benefícios da inovação aberta para as empresas dos ecossistemas

As empresas que integram os ecossistemas de inovação têm muito a ganhar com a implantação da inovação aberta. Afinal, ambientes inovadores têm sido fundamentais para a sobrevivência e, mais ainda, para a prosperidade nos tempos atuais. É uma maneira de ir além do que é possível alcançar quando se conta somente com os recursos internos, usufruindo daquilo que há de melhor, em quaisquer quesitos, como conhecimento e tecnologia, independentemente da sua proveniência.

No artigo "**Inovação Aberta: O que é e os benefícios para a empresa**", o Distrito, um ecossistema de inovação independente, elencou alguns dos principais ganhos que se tem a partir da inovação aberta corporativa. Destaco três deles:

1. Pode ser a porta de entrada para a adoção de um processo inovador interno. As empresas que fazem parte de ecossistemas de inovação e adotam a inovação aberta podem estar no começo de uma jornada de inovação interna, abrindo-se para um relacionamento com startups ou investindo em ambientes que promovem trocas e compartilhamentos com esses mesmos negócios.

2. Menor tempo entre as etapas de desenvolvimento e comercialização. Se há uma divisão de trabalho envolvendo outros parceiros, os recursos que antes eram somente internos, ampliam-se e passam a dar conta de mais demandas, inclusive as que são relacionadas com pesquisas e desenvolvimento de produtos simultaneamente.

3. Redução de custos nos mais variados momentos. O custo para inovar não estagnou, já que a inovação se tornou cada vez mais essencial e, por sua vez, mais desafiadora de ser realizada. Estamos em um nível considerável de avanço e encontrar o novo não é tão simples. Com a associação a outros *players*, há uma divisão de investimento nas etapas de pesquisa e desenvolvimento, por exemplo.

Lembrando que são apenas alguns dos itens que compõem as vantagens oferecidas pela inovação aberta. Há ainda benefícios como a criação de mercados, a redução dos riscos de aceitação de produtos ou serviços, a utilização de diversas fontes de conhecimento elevando o nível da geração de inovação, a conquista de novas perspectivas de negócios, a inovação em produtos e serviços que já existem e não são inteiramente novos, a potencialização do networking, a democratização do acesso ao conhecimento e às ideias, entre outros.

Em uma realidade em que inovar se faz um pré-requisito, os ecossistemas de inovação exercem definitivamente um grande protagonismo.

POR FIM

Marco Polo descreve uma ponte, pedra por pedra.
— Mas qual é a pedra que sustenta a ponte?
— pergunta Kublai Khan.
— A ponte não é sustentada por esta ou aquela pedra
— responde Marco Polo —, mas pela curva do arco que estas formam.
Kublai Khan permanece em silêncio, refletindo.
Depois acrescenta:
— Por que falar das pedras? Só o arco me interessa.
Polo responde:
— Sem pedras, o arco não existe.

Esse diálogo, extraído do livro *As Cidades Invisíveis*, de Italo Calvino, é marcante para mim. E ele me veio à mente na etapa de finalização deste livro, provocando reflexões. Fiquei pensando: Em que momento este livro se iniciou? O que o sustentou? Quais conversas ou estímulos me conduziram a criar um blog e a compartilhar ideias com tantas pessoas que seria impossível quantificar ou mensurar?

Tudo me inspira: um filme, um livro, uma frase, um post, um comentário nas redes sociais, um sinal na rua, o olhar de uma criança. Quantos insights eu colhi enquanto assistia a séries aos finais de semana... Todas essas "pedras", lapidadas continuamente, formam o arco dessa ponte que venho construindo há tantos anos.

O processo criativo não para. Por isso, esse trabalho não finaliza aqui. É um continuum. As atividades no blog e em outras redes sociais continuarão porque a alegria que eu sinto em ler, estudar, pesquisar e compartilhar é imensa, e esse é o meu propósito.

Mas isso tudo só tem sentido se fizer sentido para você que está lendo este texto agora. Acesse **www.mariaaugusta.com.br** e envie o seu feedback por e-mail, comente o que gostou ou não gostou e sugira novos temas. Seus inputs são matérias-primas valiosas para o meu trabalho. A ponte que ergo tem via de mão dupla.

Maria Augusta Orofino

REFERÊNCIAS

1. DESIGN CULTURE. Pensar com as mãos: O poder do protótipo, 2013. Disponível em: **https://bit.ly/2Pf3Rcs**. Acesso em: 28 jul. 2020.
2. SEBRAE. Lean Startup e MVP: Entendendo e aplicando os conceitos, 2014 Disponível em: **https://bit.ly/3154r2a**. Acesso em: 28 jul. 2020.
3. OLIVEIRA, Maurício. Gestão sem chefe traz desafios para as companhias. **Jornal** *Valor Econômico*, 2018. Disponível em: **https://glo.bo/30jmenb**. Acesso em: 28 jul. 2020.
4. MATSUO, Deli. A holocracia está fazendo sucesso, mas faz sentido para sua empresa? **Revista** *Época*, 2016. Disponível em: **https://glo.bo/3fjo7o7**. Acesso em: 28 jul. 2020.
5. MELO, Luísa. Sem chefes ou metas, Vagas é premiada por gurus de gestão. **Revista** *Exame*, 2014. Disponível em: **https://bit.ly/3fk1qjz**. Acesso em: 28 jul. 2020.
6. PATI, Camila. As 50 grandes empresas que têm os funcionários mais felizes no Brasil. **Revista** *Exame*, 2019. Disponível em: **https://bit.ly/2Xd7zYM**. Acesso em: 28 jul. 2020.
7. SPICER, André; CEDERSTRÖM, Carl. Felicidade no trabalho: as pesquisas que ignoramos. **Harvard Business Review**, 2018. Disponível em: **https://bit.ly/3hZo0zP**. Acesso em: 28 jul. 2020.
8. GRANATO, Luísa. Conheça as 150 Melhores Empresas para Trabalhar de 2018. **Revista** *Você S.A*, **2019**. Disponível em: **https://bit.ly/3fk1uQl**. Acesso em: 28 jul. 2020.
9. OSTERWALDER, Alexander *et al*. *Business Model Generation: Inovação em Modelos de Negócios*. Rio de Janeiro: Alta Books, 2011.
10. CLARK, Tim. *Business Model You: O Modelo de Negócios Pessoal — O Método de Uma Página Para Reinventar Sua Carreira*. Rio de Janeiro: Alta Books, 2013.
11. CARDOSO, Letycia. No Brasil, cerca de 90% estão infelizes no trabalho. **Jornal** *Extra*, 2018. Disponível em: **https://bityli.com/i3v7D**. Acesso em: 28 jul. 2020.
12. DEPARTAMENTO INTERSINDICAL DE ESTATÍSTICA E ESTUDOS SOCIOECONÔMICOS — DIEESE. **Indicadores da Saúde do Trabalhador com Base na Rais**, 2016. Disponível em: **https://bit.ly/30ek9sz**. Acesso em: 28 jul. 2020.
13. JORGE, Gilson. Cresce 18% número de pessoas que trocam de área profissional. **Jornal** *A Tarde*, 2016. Disponível em: **https://bit.ly/3fi6EfB**. Acesso em: 28 jul. 2020.
14. *FOLHA DE SÃO PAULO*. **Aumenta número de trabalhadores que mudam de profissão aos 40 anos**, 2016. Disponível em: **https://bit.ly/2Xwfy3l**. Acesso em: 28 jul. 2020.
15. MINTZBERG, Henry; AHLSTRAND, Bruce; LAMPEL, Joseph. *Safári de Estratégia: Um Roteiro Pela Selva do Planejamento Estratégico*. Porto Alegre: Bookman, 2000.
16. OROFINO, Maria Augusta. **Técnicas de Criação do Conhecimento em Modelos de Negócio**. Dissertação de mestrado, Programa de Pós-Graduação em Engenharia e Gestão do Conhecimento. UFSC, Florianópolis, 2011. Disponível em: **www.mariaaugusta.com.br**.
17. COLUMBUS, Louis. The State Of Digital Business Transformation. *Forbes*, 2018. Disponível em: **https://bit.ly/39Jupfv**. Acesso em: 28 jul. 2020.

18. BLANK, Steve. Why Companies Are Not Startups. **Startup Grind,** 2017. Disponível em: **https://bit.ly/3144f33**. Acesso em: 28 jul. 2020.
19. BLANK, Steve; NEWELL, Pete. What Your Innovation Process Should Look Like. **Harvard Business Review,** 2017. Disponível em: **https://bit.ly/33fjskr**. Acesso em: 28 jul. 2020.
20. FORBES. 10 **Empresas mais inovadoras do mundo em 2018**. [online]. Disponível em: **https://bit.ly/39HjbIs**. Acesso em: 28 jul. 2020.
21. MANGELSDORF, Martha E. What You Need to Know Before Starting a Platform Business. **MIT Sloan Management Review,** 2017. Disponível em: **https://bit.ly/2BNe3pz**. Acesso em: 28 jul. 2020
22. SCHRAGE, Michael. For a Return on Platform Investment, Focus on New Capabilities. **MIT Sloan Management Review,** 2017. Disponível em: **https://bit.ly/2EvGTM6**. Acesso em: 28 jul. 2020.
23. EVANS, Nicholas D. Platform business models: 4 key steps for implementation. **CIO,** 2017. Disponível em: **https://bit.ly/3gjdjHE**. Acesso em: 28 jul. 2020.
24. CANTON, Maurizio. Get On Board The Digital Platform For True Transformation. **Forbes,** 2017. Disponível em: **https://bit.ly/2XaaXn9**. Acesso em: 28 jul. 2020.
25. VALIM, Carlos Eduardo. Para onde vai a Rappi? *Isto É Dinheiro*, 2019. Disponível em: **https://bit.ly/3ggpVPS**. Acesso em: 28 jul. 2020.
26. FADER, Peter. *Foco No Cliente Certo. Como Repensar a Relação Com o Cliente e Dedicar-se Àqueles Mais Valiosos*. Rio de Janeiro: Elsevier, 2012.
27. DISTRITO. **Corrida dos Unicórnios 2020:** Distrito apresenta estudo sobre as startups brasileiras de maior potencial, 2020 [online]. Disponível em: **https://bit.ly/2Dc9lSV**. Acesso em: 28 jul. 2020.
28. SARDAR, Ziauddin; SWEENEY, John A. The Three Tomorrows of Postnormal Times. **Futures 75; Elsevier,** 2016 v. 75, p. 1–13. Disponível em: **https://bit.ly/39Quo9x**. Acesso em: 15 mar. 2020.
29. WAENGERTNER, Pedro. *A Estratégia da Inovação Radical: Como Qualquer Empresa Pode Crescer e Lucrar Aplicando os Princípios das Organizações de Ponta do Vale do Silício*. São Paulo: Gente, 2018.
30. TUCKER, Robert. Six Innovation Leadership Skills Everybody Needs To Master. **Forbes,** 2017. Disponível em: **https://bit.ly/39Jv2FT**. Acesso em: 20 jul. 2020.
31. DYER, Jeffrey H. *et al*. The Innovator's DNA. **Harvard Business Review,** 2009. Disponível em: **https://bit.ly/39QTncT**. Acesso em: 20 jul. 2020.
32. DIAMANDIS, Peter H. 8 Principles for Leaders to Make the Most of the Exponential Age. **Singularity Hub,** 2017. Disponível em: **https://bit.ly/2PdXzKc**. Acesso em:18 jul. 2020.
33. KORN FERRY INSTITUTE. **Real World Leadership,** 2015. Disponível em: **https://bit.ly/2Do4SfT**. Acesso em: 20 jul. 2020.
34. MARTINS, Elvis Silveira *et al*. Comportamento Estratégico e Ambidestria: um estudo aplicado junto às empresas vinícolas brasileiras. **Revista Brasileira de Gestão de Negócios,** 2013. Disponível em: **https://bit.ly/2XeSCFy**. Acesso em: 20 jul. 2020.

35. ZACHER, Hannes; ROSING, Kathrin. Ambidextrous leadership and team innovation. **Emerald insight**, 2015. Disponível em: **https://bit.ly/33kdmzD**. Acesso em: 20 jul. 2020.
36. GEORGE, Sharon. 3 Characteristics of the New Digital Leader Mindset. **Smarter With Gartner**, 2018. Disponível em: **https://gtnr.it/2Xh9Hyt**. Acesso em: 20 jul. 2020.
37. ROE, David. Why a Digital Mindset Is Key to Digital Transformation. **CMS Wire**, 2018. Disponível em: **https://bit.ly/313l3ra**. Acesso em: 28 jul. 2020.
38. BONCHEK, Mark. How to Create an Exponential Mindset. **Harvard Business Review**, 2016. Disponível em: **https://bit.ly/2DnAlP8**. Acesso em: 28 jul. 2020.
39. RIGBY, Darrell K. *et al*. Embracing Agile. **Harvard Business Review**, 2016. Disponível em: **https://bit.ly/3hVDN2o**. Acesso em: 20 jul. 2020.
40. RIGBY, Darrell K. *et al*. The Agile C-Suite. **Harvard Business Review**, 2020. Disponível em: **https://bit.ly/2Dpuusu**. Acesso em: 28 jul. 2020.
41. LINKEDIN SOLUÇÕES DE TALENTOS. **Tendências Globais de Talentos 2019**. [online]. Disponível em: **https://bit.ly/39VRYSB**. Acesso em: 28 jul. 2020.
42. ACCENTURE. **69% dos consumidores abandonariam marcas que utilizam seus dados de forma invasiva para gerar anúncios, mostra estudo da Accenture**, 2019. Disponível em: **https://accntu.re/30heu55**. Acesso em: 28 jul. 2020.
43. CANCIALOSI, Chris. Why Culture Is The Heart Of Organizational Innovation. **Forbes**, 2017. Disponível em: **https://bit.ly/2PcJP2n**. Acesso em: 28 jul. 2020.
44. ECKERT, Vicki H. How innovation happens. **Strategy + Business**, 2018. Disponível em: **https://bit.ly/39HLWEX**. Acesso em: 28 jul. 2020.
45. CHERIYAN, Anil. 3 keys to innovation: Collaboration, architecture, and culture. **The Enterprisers Project**, 2018. Disponível em: **https://red.ht/39KGctW**. Acesso em: 28 jul. 2020.
46. FRABASILE, Daniela. Como manter um ambiente de trabalho inovador? **Época Negócios**, 2017. Disponível em: **https://glo.bo/3gjM00b**. Acesso em: 28 jul. 2020.
47. BRYANT, Adam. *Ágeis e Inovadoras: CEOs Ensinam Como Criar Empresas de Sucesso*. São Paulo: WMF Martins Fontes, 2015.
48. SUTHERLAND, Jeff. *Scrum: A arte de fazer o dobro do trabalho na metade do tempo*. Rio de Janeiro: Sextante, 2019.
49. KNAPP, Jake. **Sprint**. O Método Usado no Google Para Testar e Aplicar Novas Ideias em Apenas Cinco Dias. Rio de Janeiro: Intrínseca, 2017.
50. ESTADÃO CONTEÚDO. Nubank é o 3º unicórnio brasileiro. **Pequenas Empresas Grandes Negócios**, 2018. Disponível em: **https://glo.bo/2ED4VVz**. Acesso em: 31 jul. 2020.
51. WESSEL, Maxwell. Why Big Companies can't Innovate. **Harvard Business Review**, 2012. Disponível em: **https://bit.ly/2BM6Vd4**. Acesso em: 28 jul. 2020.
52. SANDERS, Mal. 4 reasons why companies fail to innovate. **Medium**, 2017. Disponível em: **https://bit.ly/314XwpM**. Acesso em: 28 jul. 2020.
53. ISMAIL, Salim. *et al*. *Organizações Exponenciais*. Rio de Janeiro: Alta Books, 2018.
54. BARBOSA, Marco Antonio. **Ao encontro da disruptura**. Tendências. 55. ed. **Deloitte**, 2017. Disponível em: **https://bit.ly/2Pfxaf0**. Acesso em: 28 jul. 2020.

55. Instituto Brasileiro da Qualidade e Produtividade; Serviço Brasileiro de Apoio às Micro e Pequenas Empresas; Centro de Empreendedorismo e Novos Negócios — FGVcenn. Empreendedorismo no Brasil — 2015. **Global Entrepreneurship Monitor**. Disponível em: **https://bit.ly/3gl3U2r**. Acesso em: 28 jul. 2020
56. OECH, Roger von. The Seven Steps of the Creative Process. Disponível em: **https://bit.ly/2DitVkl**. Acesso em: 28 jul. 2020
57. ARDEN, Paul. *Tudo o que Você Pensa, Pense ao Contrário*. Rio de Janeiro: Intrínseca, 2008.
58. UONDERIAS, Barba. Tudo o que você pensa, pense ao contrário. **Medium Brasil**, 2013. Disponível em: **https://bit.ly/2CZ4cxL**. Acesso em: 28 jul. 2020.
59. Forbes Insight. **Data Versus Goliath:** Customer Data Strategies to Disrupt the Disruptors, 2018. Disponível em: **https://bit.ly/2Pcgh59**. Acesso em: 28 jul. 2020.
60. Marketing Para Indústria. **Descubra o que é Indústria 4.0 e entenda os impactos que ela pode gerar em sua empresa**, 2018. Disponível em: **https://bit.ly/3giUXqs**. Acesso em: 28 jul. 2020.
61. KANE, Gerald C. Is the Right Group Leading Your Digital Initiatives? **MIT Sloan Management Review**, 2018. Disponível em: **https://bit.ly/2PcLPHR**. Acesso em: 28 jul. 2020.
62. Deloitte. Is Your Digital Transformation Focused on the Wrong Strategy? **Harvard Business Review**, 2019. Disponível em: **https://bit.ly/33ecTPp**. Acesso em: 28 jul. 2020.
63. TABRIZI, Behnam *et al*. Digital Transformation Is Not About Technology. **Harvard Business Review**, 2019. Disponível em: **https://bit.ly/31aIdM2**. Acesso em: 28 jul. 2020.
64. MCCORD, Patty. How Netflix Reinvented HR. **Harvard Business Review**, 2014. Disponível em: **https://bit.ly/3fem5FP**. Acesso em: 28 jul. 2020.
65. LinkedIn Talent Solutions. **Global Talent Trends: The 3 trends transforming your workplace, 2019.** [online]. Disponível em: **https://bit.ly/3ghHeAj**. Acesso em: 28 jul. 2020.
66. BAGHAI, Mehrdad *et al*. *Alquimia do Crescimento*. Rio de Janeiro: Record, 1999.
67. KEELEY, Larri. *Dez tipos de inovação: A disciplina de criação de avanços de ruptura*. São Paulo: DVS Editora, 2015.

ÍNDICE

A

accountability, 52–56
ambidestria organizacional, 154–176
    modelos
        cíclica, 166
        estrutural, 166
        simultânea, 167
ambiente
    organizacional, 32
    virtual, 81
ameaças, 9
análise
    de comportamento, 113
    de desempenho, 265
assumir riscos, 96
autoavaliação crítica, 32
autonomia, 35
avanço tecnológico, 81

B

benchmarking, 13
Burnout, 42–51
Burocracia, 96

C

canais de distribuição, 233
Carreira em T, 92
Ciclo de Feedback, 21
    construir, medir e aprender, 21
comportamento estratégico, 52
computação em nuvem, 112
confiança
    excesso de, 7
conhecimento
    ganhar, 10

crescimento
    Alquimia do, 275
    exponencial, 99–103
    sustentável, 275
criatividade encorajadora, 135
cultura
    humanizada, 38
    organizacional, 23
custos
    reduzir, 10

D

depressão, 37–42
designer de negócios, 71–74
Design Thinking, 8
diagnóstico organizacional, 83
disrupção digital, 29, 145
distúrbios emocionais, 42
DNA inovador, 139

E

efeito de rede, 104
eficácia operacional, 98, 128
employer branding, 32
empoderamento do profissional, 238
empresas
    Exponenciais, 94–98
    pontocom, 57
engajamento, 33
equilíbrio emocional, 142
era
    digital, 57
    industrial, 57
erros
    alheios, 5
    bem-sucedidos, 6

esgotamento profissional, 42
estratégia
    comercial, 257
    Empresarial, 75–79
estrutura hierárquica, 9
evolução, 5
execução repetitiva, 93
experimentação, 8
    constante, 72
    tentativa e erro, 73

F

falhas
    avaliação das, 6
Felicidade Organizacional, 30
Fit cultural, 33
flexibilidade, 21
fluxos de informações, 23
formulação estratégica, 76
    escolas
        natureza descritiva, 77
            Ambiental, 77
            Cognitiva, 77
            Cultural, 77
            de Aprendizado, 77
            de Poder, 77
            Empreendedora, 77
        natureza integrativa, 77
            de Configuração, 77
        natureza prescritiva, 76
            de Planejamento, 76
            de Posicionamento, 76
            do Design, 76
fracasso, 3
    aprendizado, 3
funil de vendas, 263

G

gargalos produtivos, 102
gestão
    financeira, 52
    modelo de, 23
        distribuída, 23
    modelo híbrido de, 98

H

habilidade cognitiva, 173
holocracia, 23–26
home office, 46

I

independência financeira, 66
índice de felicidade, 32–36
Initial Public Offering
    IPO
        Oferta Pública Inicial, 96
inovação
    cultura de, 8
    estratégica, 18
    incremental, 159
    Lean
        etapas
            Abastecimento, 91
            Curadoria, 91
            Incubação, 92
            Integração e reestruturação, 92
            Priorização, 91
            Soluções e testes, 91
    organizacional, 208
    radical ou disruptiva, 159
insucesso, 4
integração dos colaboradores, 35

L

Lean Startup, 20
liderança
    ágil, 151
    ambidestra, 151
    autoritária, 153
    carismática, 153
    democrática, 152
    de resultados, 196–200
    inovadora, 150
    pragmática, 153
líder do futuro, 141–143
linhas de raciocínio, 166

M

marketplaces, 105
mentalidade ágil, 150
mercado
    desejo do, 10
    expectativas do, 8
    impacto no, 10
    padrões de, 96
    previsões de, 114
métodos, 5
métricas de acompanhamento, 153
microgerenciamento, 153
Millennials, 133
Minimum Viable Product
    MVP
        Mínimo Produto Viável, 91
Mix de produtos, 87
modelos de negócio
    Assinatura, 88
    Freemium, 87
    Free ou Grátis, 87
    Isca e Anzol, 87
    Marketplace ou Plataforma, 86
momentos inesperados, 9

mudanças
    culturais, 8
    estruturais, 8

N

negócios
    colaborativos, 243
    design de, 18
    disruptivos, 11
    modelo de, 8
        Business Model
            Canvas, 57–61
    sustentável, 19

O

OKRs
    Objetivos e resultados-chave, 25
Open Innovation
    Henry Chesbrough, 285
otimizações, 97

P

paciência, 4
pensamento
    analítico, 19
    criativo, 134
    lean, 95
perseverança, 4
Persistência, 4
pesquisas
    automatizadas, 34
    etnográficas, 72
pioneirismo, 10
pitch de elevador, 138
plano
    de ação, 12
    de carreiras, 35

plataformas
    de negócios, 104–107
    digitais, 108–110
poder computacional, 84
política de responsabilidade, 37
pontos fortes, 5
potencial lucrativo, 122
prestações de contas, 52
processo
    criativo, 8
        sete passos
            Ação, 247
            Afinidade, 246
            Avaliação, 247
            Iluminação, 246
            Incubação, 246
            Motivação, 246
            Pesquisa, 246
    produtivo, 12
projetos
    desenvolvimento de, 5
promotores orgânicos, 94
propósito transformador massivo, 237
prototipações rápidas, 97
protótipos
    elaboração de, 13
Provas de Conceitos
    (POCs), 97

R

recuo estratégico, 6
rede de colaboração, 102
refinação tecnológica, 253
relações comerciais, 118
reprodutividade técnica, 128
resultado
    projetado, 4

RH Ágil, 23
romper barreiras, 97
rotina flexível, 41

S

SaaS
    (Software as a Service), 106
satisfação profissional, 30
Saúde mental, 28
skills
    hard, 54
    soft, 54
soluções
    testar as, 13
stakeholders, 12
startups
    Quinto Andar, 96
    Rappi, 115
storyboard, 16
storytelling, 138
superação de obstáculos, 136

T

técnica Pomodoro, 49
teimosia, 6
transformação
    cultural, 147
    digital, 84

V

valores
    financeiros, 4

A AUTORA

Maria Augusta Orofino é Mestre em Gestão do Conhecimento pela Universidade Federal de Santa Catarina, com cursos de extensão realizados nas instituições Duke University e UC Berkeley, Estados Unidos e na Universidade de Barcelona, Espanha. Foi coordenadora do programa INOVA-SC entre 2011 e 2013, responsável pela implantação de treze polos de Inovação em Santa Catarina. É coautora dos livros *Business Model You* e *Ferramentas Visuais para Estrategistas*.

Como palestrante e facilitadora de workshops empresariais em Inovação, Metodologias Ágeis, Business, Design Thinking e Liderança Inovadora, já capacitou mais de 10 mil pessoas desde 2011. Maria Augusta é palestrante TEDx e professora na Escola Superior de Propaganda e Marketing (ESPM), na HSM, na Fundação Dom Cabral e na Sustentare Escola de Negócios.

Ela está à frente da Maria Augusta Biz Innovation, empresa pela qual oferece cursos, palestras, webinars e workshops *in company*. No site **www.mariaaugusta.com.br**, disponibiliza materiais gratuitos, vídeos e podcasts, e mantém um blog atualizado sobre os mais variados temas.

Maria Augusta tem como propósito ampliar a capacidade de agir de pessoas e organizações por meio do compartilhamento do conhecimento e da cocriação de soluções que impactem positivamente os resultados, gerando economia de recursos e promovendo a inovação de maneira sustentável.

CONHEÇA OUTROS LIVROS DA ALTA BOOKS

Todas as imagens são meramente ilustrativas.

CATEGORIAS

Negócios - Nacionais - Comunicação - Guias de Viagem - Interesse Geral - Informática - Idiomas

SEJA AUTOR DA ALTA BOOKS!

Envie a sua proposta para: autoria@altabooks.com.br

Visite também nosso site e nossas redes sociais para conhecer lançamentos e futuras publicações!

www.altabooks.com.br

ALTA BOOKS
EDITORA

/altabooks ▪ /altabooks ▪ /alta_books